Minelvino Francisco Silva

Biblioteca de cordel

Minelvino Francisco Silva

Introdução e seleção
Edilene Matos

São Paulo 2000

Capa
Júlio Dui

Projeto gráfico e editoração
Fabiana Pinheiro

Preparação de texto
Iuri Pereira

Revisão
Artesãs das Palavras

Digitação dos folhetos
Elvira Lúcio Pedicino

Direção da coleção
Joseph Maria Luyten

Ilustração da quarta-capa
José Lourenço

Dados Internacionais de Catalogação na Publicação (CIP)
(Câmara Brasileira do Livro, SP, Brasil)

Silva, Minelvino Francisco 1926-1999.
Minelvino Francisco Silva / introdução e seleção Edilene Matos.
— São Paulo: Hedra, 2000. — (Biblioteca de cordel)

Bibliografia.
ISBN 85-87328-20-4
1. Literatura de cordel - Brasil 2. Literatura de cordel — Brasil — História e crítica
3. Silva, Minelvino Francisco, 1926-1999-I. Matos, Edilene. II. Título. III. Série.

00-2080 CDD-398.20981

Índices para catálogo sistemático:
1. Brasil: Cordelistas: Biografia e obra: Literatura folclórica 398.20981
2. Brasil: Literatura de cordel: História e crítica: Folclore 398.20981

[2000]

EDITORA HEDRA
rua fradique coutinho, 1139 - 2º andar
05416-011 São Paulo - SP - Brasil
telefone/fax: (011) 3097 8304
editora@hedra.com.br
www.hedra.com.br

Foi feito o depósito legal.

Biblioteca de cordel

A literatura popular em verso passou por diversas fases de incompreensão e vicissitudes no passado. Ao contrário de outros países, como o México e a Argentina, onde esse tipo de produção literária é normalmente aceita e incluída nos estudos oficiais de literatura — por isso poemas como "La cucaracha" são cantados no mundo inteiro e o herói do cordel argentino, Martín Fierro, se tornou símbolo da nacionalidade platina —, as vertentes brasileiras passaram por um longo período de desconhecimento e desprezo, devido a problemas históricos locais, como a introdução tardia da imprensa no Brasil (o último país das Américas a dispor de uma imprensa) e a excessiva imitação de modelos estrangeiros pela intelectualidade.

Apesar da maciça bibliografia crítica e da vasta produção de folhetos (mais de 30 mil folhetos de 2 mil autores classificados), a literatura de cordel — cujo início remonta ao fim do século XIX — continua ainda em boa parte desconhecida do grande público, principalmente por causa da distribuição efêmera dos folhetos. E é por isso que a Editora Hedra se propôs a selecionar cinqüenta estudiosos do Brasil e do exterior que, por sua vez, escolheram cinqüenta poetas populares de destaque e prepararam um estudo introdutório para cada um, seguido por uma antologia dos poemas mais representativos.

Embora a imensa maioria dos autores seja de origem nordestina, não serão esquecidos outros pólos produtores de poesia popular, como a região sul-riograndense e a antiga capitania de São Vicente, que hoje abrange o interior de São Paulo, Norte do Paraná, Mato Grosso, Mato Grosso do Sul, parte de Minas Gerais e Goiás. Em todos esses lugares há poetas populares que continuam a divulgar os valores de seu povo. E isso sem nos esquecermos do Novo Cordel, aquele feito pelos migrantes nordestinos que se radicaram nas grandes cidades como Rio de Janeiro e São Paulo. Tudo isso resultará em um vasto panorama que nos permitirá avaliar a grandeza da contribuição poética popular.

Acreditamos, assim, colaborar para tornar mais bem conhecidos, no Brasil e afora, alguns dos mais relevantes e autênticos representantes da cultura brasileira.

Dr. Joseph M. Luyten

Doutor pela USP em Ciências da Comunicação, ex-professor visitante da Universidade de Tsukuba (Japão) e da Universidade de Poitiers (França), onde ajudou a organizar o Centro Raymond Cantel de Literatura Popular Brasileira. Autor de diversos livros e dezenas de artigos especializados sobre literatura de cordel, possui mais de 15 mil folhetos e coletou acima de 5 mil itens bibliográficos sobre literatura de cordel em âmbito mundial. Atualmente leciona Folkmídia, em nível de pós-graduação, na Universidade Metodista de São Paulo (UMESP) e na Unisantos.

Sumário

Introdução

Os ofícios de Minelvino Francisco Silva

A casa

Eis aqui a história de um poeta popular, de um criador marginal, esquecido, como muitos outros, pela literatura oficial. Para poder contá-la, precisei me preparar, ajeitar o espírito para remexer velhos baús, esses singulares guardadores de segredos e mistérios. De início, olhava o baú, que sabia cheio de retalhos e memórias de minhas incursões pelo universo do cordel, e não o abria. Sentia-me tímida e até um pouco receosa de tocar naqueles papéis já quase amarelados, folhetos, fotos, arquivos diversos. Imaginava um mundo de surpresas, de redescobertas e reencontros com experiências que marcaram fundo minha vida de pesquisadora. Vencida, porém, a timidez, pus o medo de lado e me lancei nessa nova aventura! Aberto o baú, deparei-me com o universo múltiplo e cambiante de nossa cultura popular. E, pacientemente, separei folhetos, cartas, músicas, matrizes de xilogravura, fitas cassete com gravação de benditos, fotos e tudo o mais sobre o fascinante artista de tantos ofícios, Minelvino Francisco Silva. Memória-puxa-memória, naveguei por mares d'antanho. E em *flash-back* mergulhei no passado e aportei em outras plagas.

Havia tempos acalentava o desejo de conhecer a casa de Minelvino, o local onde o poeta vivia e concebia as suas criações. Chegara enfim o dia, mês de maio de 1983, outono, e eu segui para a rua dos Trovadores, 591, na cidade de

Itabuna, interior da Bahia, zona de grandes plantações de cacau.

Na entrada da casa de cor azul-lavanda, de porta e janela de rústica madeira, Minelvino já me aguardava ao lado de sua Antônia, companheira da vida inteira. Ali ele instalara seu reino, o reino dos ofícios — uma espécie de santuário que ocupava um cômodo especial da casa, afastado da azáfama dos afazeres domésticos, longe dos burburinhos, um espaço sagrado, fonte de energização. Ali, Minelvino dedicava-se a sua alquimia: mexia com as palavras, domava-as, apoderava-se delas; mexia com a madeira, transformando-a em imagens surpreendentes; mexia com os sons e entoava cantos. Ali, o homem simples se metamorfoseava em artista!

Nas paredes, recobertas com telhas, dessa forja de Vulcano, espalhavam-se fotos do poeta em vários momentos de sua trajetória, fotos de amigos queridos, mas também prateleiras onde estavam guardadas matrizes de xilo, em enorme quantidade; goiva ou buril, estilete, prego, canivete, pedaços de gilete, formão, faca, serrote, pedaços de umburana, de cajá. No pórtico, duas grandes inscrições: *Vi uma luz acesa diante de mim* e *A marreta da morte é tão pesada que a pedreira da vida não agüenta* (esta última serviu de título a uma bela xilo de Minelvino, com uma figura de mulher, símbolo da morte, segurando uma marreta extremamente pesada e tentando atingir um jovem de olhar espantado e cheio de medo, acentuado pelos cabelos arrepiados); e, no seu interior, alguns livros (Bíblia, livros de história e geografia, dicionário, gramática, romances, poesia) — junto aos quais havia uma placa de madeira de 42 x 27,5 cm onde se lia: "É favor não procurar livros imorais. Livro imoral é um desrespeito a Deus e a Sociedade" —, além de folhetos aos milhares, caixas com tipos de letras, máquina de cortar, máquina de impressão, tinta etc.

O garimpeiro e o poeta

Minelvino Francisco Silva nasceu na Fazenda Olhos d'Água de Belém, no município de Mundo Novo, Bahia, de propriedade de família judaica, em 29 de novembro de 1926. Filho ilegítimo de José Francisco da Silva e Hilária Maria de Jesus (conforme certidão de batismo), Minelvino foi criado em Jacobina, onde trabalhou como garimpeiro de ouro, diamante e cristal, o que parece ter inspirado no menino sertanejo uma forma especial de percepção, além de uma maneira igualmente especial de recepção estética, mais tarde conduzida para os ofícios artísticos em que foi mestre. O contato com pedras preciosas, de brilhos e formatos diferentes, levou-o a vislumbrar um mundo encantado, quase mágico, além de lhe despertar e desenvolver a sensibilidade e o inato senso estético.

Em 1939, num dos intervalos de trabalho no garimpo de Cuia, conheceu seu primeiro livro, exatamente um exemplar do clássico folheto *O romance do pavão misterioso*. Lembra Minelvino que a capa era amarelo-quase-branco e não tinha desenho (tratava-se de uma, como se costumava chamar, capa cega). Maravilhado com a história ouvida da boca dos companheiros (o garimpeiro, que ainda não encontrara o diamante da poesia, não sabia ler), adolescente sonhador, Minelvino conseguiu que lhe dessem um exemplar do folheto e não mais se separou dele. Iniciou-se, assim, no mundo das letras: o rito de passagem *do ouvir ao ler*, no caso de Minelvino, foi determinado por esse seu primeiro contato com a poesia e a arte do cordel. A partir daí, o moço garimpeiro passou a se interessar por outro tipo de pedras, também preciosas: os folhetos.

Confessando-se bastante influenciado por João Martins de Athayde, poeta, editor-proprietário de folhetos e grande divulgador desses livrinhos que chegavam, de Recife, onde eram publicados (daí serem também conhecidos como livrinhos de Recife ou arrecifes), aos diversos cantos do Brasil, Minelvino Francisco Silva conta que compôs, para este seu primeiro mestre, uma sextilha improvisada quando o encontrou, em 1955, pela primeira vez (antes só o conhecia através dos folhetos), por ocasião do I Congresso Nacional de Trovadores e Violeiros:

> Até eu cheguei na hora
> Como humilde trovador
> Abracei ele, dizendo:
> Parabéns meu Professor,
> Por todas as suas obras
> de grandioso valor

Vale registrar, aqui, que Minelvino participou também do concurso nacional "Prêmio Literatura de Cordel", instituído em 1980 pela Fundação Cultural do Estado da Bahia, através do Núcleo de Pesquisa e Cultura da Literatura de Cordel, como parte das comemorações do centenário de João Martins de Athayde. O poeta acabou vencendo o concurso com o folheto *Vida, profissão e morte de João Martins de Athayde*, considerado o melhor, dentre dezenas de folhetos inscritos, por decisão unânime da comissão julgadora.

A publicação de seu primeiro folheto ocorreu em 1949, na cidade de Jacobina, Bahia, a cargo de Rodolfo Coelho Cavalcante, poeta e editor que modificou o cenário da literatura de folhetos na Bahia. Tratava-se de um folheto *circunstancial* ou de *acontecido*, que versava sobre um acidente: *A enchente de Miguel Calmon e o desastre do trem de Água Baixa*. Minelvino conta que foi muito grande sua alegria quando teve nas mãos o livrinho. A vendagem foi boa, fato que o estimulou a prosseguir.

No dia 16 de agosto de 1953, Minelvino Silva casou-se com d. Antônia Pereira Almeida, grande musa de sua vida, mulher sensível e delicada, que assim se referiu, por ocasião da visita que fiz ao casal em 1983, ao seu acertado encontro com o poeta: "Foi através da poesia que descobri Minelvino. Eu amo a poesia". E para mostrar que também tinha dotes poéticos, d. Antônia compôs, na época, de improviso, uma sextilha a mim dedicada e que guardo com especial carinho.

O casal teve sete filhos, dos quais três, exatamente as mulheres, morreram ao nascer. Os outros quatro foram: Antonio Francisco Silva (nascido em 13 de fevereiro de 1956), José Francisco Neto (10 de novembro de 1957), José Francisco Silva (17 de julho de 1959) e Messias Francisco Silva (10 de agosto de 1961), todos eles já casados e com filhos.

Desde 1949, Minelvino Francisco Silva produziu de modo intenso e com dedicação apaixonada, sendo hoje conhecido como o autor de aproximadamente quinhentos títulos, envolvendo os mais variados temas:

- folhetos de amor (*A flecha de Cupido traspassou dois corações*)
- folhetos de metamorfose (*O preguiçoso que virou cachorro a fim de não trabalhar*)
- folhetos de encantamento (*O filho de João Acaba-*

Mundo e o dragão do reino encantado)
• folhetos religiosos (*Aparição de Nossa Senhora das Dores e a Santa Cruz do Monte Santo*)
• folhetos filosóficos (*A marreta da morte é tão pesada que a pedreira da vida não agüenta*)
• folhetos de acontecido (*Libertação dos reféns americanos do cativeiro do Iran*)
• folhetos de valentia (*O encontro de Joaquim Pistoleiro com Manoel Quebra Costela*)
• folhetos moralistas (*O resultado da mulher falsa ao marido*)
• folhetos de histórias de animais (*O sindicato dos bichos*)
• folhetos de louvação (*O encontro de dois astros luminosos: Rodolfo e Jorge Amado*)
• folhetos históricos (*História de Antonio Conselheiro e a Guerra de Canudos*)
• folhetos de peleja (*A peleja real de Pedro e João Bandeira no Congresso de Repentistas em Brasília*)
• folhetos de astúcia (*A segunda vida de Cancão de Fogo*)

Autor de poemas feitos sempre em sextilhas ou septilhas, Minelvino não se considerava um bom repentista, um improvisador. Exercia, sim, uma espécie de fascínio sobre o público com suas exibições performáticas, mas era, antes de tudo, um artífice incansável, um artesão que corrigia constantemente seus trabalhos e os refazia diversas vezes, perseguindo as palavras, tentando domá-las. Só deste modo é que a poesia de Minelvino conseguia fluir natural e sedutoramente, aproximando-se do que se poderia chamar de milagre da linguagem, momento epifânico em que a palavra se converte em ponto de luz, irradiador de intensa luminosidade:

O pássaro no mesmo vôo
Fez uma volta no ar
Aí cantou novamente
Não precisa se zangar
Moça do vestido azul
Comigo quer se casar?

O encantador de histórias

A obra poética de Minelvino, temática e imageticamente tão rica, atinge, porém, o auge da criatividade nos folhetos de encantamento. Por essa razão, escolhi comentar dois de seus folhetos de encantamento mais famosos e criativos, embora hoje raros e ausentes dos acervos das bibliotecas especializadas — *Estória do pavão encantado* e *A estória das três irmãs e o pássaro encantado* —, com o objetivo de iluminar uma das múltiplas faces do poeta: a de contador/encantador de histórias.

Minelvino ouviu contar, desde cedo, histórias encantadas, transmitidas oralmente de geração em geração. Tais histórias lidas, relidas, perlidas, sempre em voz alta, passaram a se desdobrar, fundindo-se umas com as outras, a ponto de não se saber onde começava uma e terminava outra; histórias herdadas do cancioneiro europeu, mas que se adaptaram aos novos códigos e aos novos contextos culturais, implicando até nova visão de mundo, como é o caso do folheto *Estória do pavão encantado*, na qual a lendária aventura do pavão, cujas raízes remontam a relatos muito antigos e perdidos no tempo, converte-se numa narrativa híbrida e mosaicada, de matiz popular. Contadas ao pé do ouvido, tais histórias foram se recortando e mesclando ao sabor da memória e da imaginação (essa *forma de audácia humana*), dando origem a histórias nas quais pedaços de histórias se interseccionam e se conjugam.

O folheto *Estória do pavão encantado* é exemplar no que se refere a uma história derivada de vários outros modelos, formando um só bloco narrativo. Seguindo o esquema de sextilhas, com rimas ABCBDE, e ocupando dezesseis páginas, o autor tece uma história contada por um narrador onisciente, rica de encontros e alusões intertextuais e que culmina com a vitória do amor, traduzida em final feliz, característica originária dos contos de fadas:

O amor é uma semente
Que nasce no coração
Suas folhas é o ciúme
Suas flores é a paixão
Seus frutos é a saudade
Que mata qualquer cristão.

Ao contrário do que ocorre no conto *A bela adormecida*, tanto na versão de Perrault quanto na dos Irmãos Grimm, neste folheto, o encantamento, decorrente de poderes externos, afeta o personagem masculino, e não o feminino. Trata-se, no caso, de um principezinho, e a transformação se dá no dia do seu oitavo aniversário, quando só doze fadas foram convidadas para os festejos, tendo sido excluída a 13ª, exatamente a bruxa feia, velha e preta. O número 13 é fatídico e, no dizer do povo, gerador de azar e maldições.

Conta-se no folheto que o príncipe é transformado em um belo pavão, ave esplêndida e de nobre porte. As fadas, símbolos do bem, responsáveis igualmente por extraordinárias metamorfoses, tentam com a ajuda de um elemento auxiliar, uma varinha-de-condão, atenuar os poderes da bruxa. Conseguem, assim, que se estabeleça uma condição para o possível desencantamento: a moça que se apresentar com uma legítima pena desse pavão poderá casar-se com o príncipe, transformado novamente num belo rapaz. Reconhece-se aí uma alusão ao antigo e divulgadíssimo conto da *Borralheira.* O artifício da pena do pavão, criado pelo autor, é semelhante ao sapatinho de cristal da Cinderela ou ao anel da Borralheira, pois é o elemento que identifica e legitima o verdadeiro autor do desencantamento. A exemplo do conto *Cinderela* e/ou *Borralheira*, todas as moças do reino levam ao palácio uma pena de pavão que, entretanto, não corresponde à procurada, à autêntica.

O autor, nesse momento da narrativa, introduz, então, três novos personagens: três irmãs camponesas muito pobres. Caberá, porém, à caçula encontrar o pavão e conseguir arrancar-lhe uma pena, após ter sido seduzida pelo canto mavioso e único do belo pássaro.

Maria, a caçula, apaixona-se pelo pavão como animal, tal qual na conhecida versão do *Rei Sapo*, no qual a princesinha, sob influência do rei seu pai, acaba unindo-se, contra a sua vontade, ao sapo nojento que logo se converte num jovem e belo rei.

No caso do folheto, o pai do metamorfoseado, sabedor da origem camponesa da moça, revolta-se e quer voltar atrás, descumprindo sua promessa, mas o encanto ameaça agir e ele se vê pressionado a ceder.

No momento em que Maria encontra a ave, acaricia-a e nota um espinho em sua cabeça, cuja retirada determinará o desencantamento. O detalhe do espinho na cabeça é derivado, como se sabe, da história da *Moura Torta.*

O imaginário de Minelvino, evidentemente enriquecido e estimulado pelas várias histórias de encantamento que ouviu, acabou por conceber um animal, o pavão, de nobre postura, para com ele encobrir um príncipe. Além disso, é muito possível que o personagem do pavão, muito familiar aos poetas populares graças à conhecida história, *O romance do pavão misterioso* — texto polêmico quanto à verdadeira autoria e de grande divulgação, considerado um clássico da literatura de cordel — tenha influenciado Minelvino na composição de seu folheto.

Na outra narrativa escolhida, *A estória das três irmãs e o pássaro encantado*, Minelvino conta como três irmãs, também camponesas, foram surpreendidas por um pássaro gigante que fala – eis aí novamente a imagem do pássaro, e do pássaro encantado. Ao pedir, sucessivamente, cada uma das três irmãs em casamento, o misterioso animal é rejeitado pelas duas primeiras, e só a terceira permanece calada, deixando subentendido seu consentimento: *quem cala, consente*. A fragilidade deixa-se, assim, envolver pelo poder sedutor do elemento aéreo e alado.

As três irmãs, porém, depois do encontro com o pássaro, perdem-se no caminho de retorno ao lar e vão ter a uma casinha habitada por uma velha. Repete-se, então, a história de *João e Maria*, inclusive nos nomes dados às duas irmãs mais velhas: Joana e Maria. A estas o poeta acrescenta a caçula, Flor do Dia, a mais inteligente e arguta das três, apesar de sua pouca idade e de sua fragilidade com relação às irmãs mais velhas e supostamente mais experientes. O rabo de lagartixa, elemento que consegue disfarçar temporariamente o dedo das meninas, desempenha agora a função de auxiliar.

Em momento de grande perigo, quando, após fugir da casinha/prisão em que a bruxa as encerrava, as três moças se vêem novamente ameaçadas, Flor do Dia lembra-se do pássaro misterioso e o chama. O pássaro aparece, salva-as e leva-as para uma gruta, metamorfoseando-se, assim, num gigante. Instaura-se, assim, o imprevisível, pois o esperado seria a transformação do pássaro em príncipe e o conseqüente casamento com Flor do Dia. O gigante persegue as moças — tal como ocorre na história *João e o pé de feijão* — que saem da gruta aos gritos e cheias de pavor, sendo ajudadas pelo caçador, símbolo de salvação e proteção (traços paternais), a exemplo do que se dá em *Chapeuzinho Vermelho*.

No folheto de Minelvino, o elemento fogo manifesta-se como símbolo do mal sob a forma da fogueira, onde o gigante pretendia assar as três infelizes irmãs. Como condutor do bem, ele aparece no tiro do caçador que salva as moças indefesas. O elemento ar materializa-se nas asas do pássaro. Este, por sua vez, metamorfoseado em gigante, representa a sedução. Flor do Dia deixa-se seduzir pelo vôo, que se inscreve para o imaginário no plano do que é dinâmico, do que sugere movimento e... encantação. No instante em que o caçador atinge o gigante, ocorre sua transformação em pássaro que voa em busca da liberdade. O ar é também símbolo de libertação.

Nos folhetos de Minelvino, sobretudo naqueles de forte sentimento mágico como os escolhidos, há sempre um fundo moralizante: o príncipe e as moças camponesas passam por momentos de provação para chegar à maturidade e, finalmente, poderem conviver num mundo de contradições, conflitos e ambivalências: o mundo natural.

Nessas histórias, as transformações sofridas pelos personagens decorrem da presença do maravilhoso, elemento que atrai e cativa qualquer tipo de leitor, adulto ou criança, colocando-o numa escala semelhante. A metamorfose como processo transformador e criador estimulado pelo imaginário põe em evidência aqui a verdadeira natureza do fazer poético: ao mesmo tempo que transforma seres e coisas, o poeta denuncia a forte presença, igualmente transfiguradora, da memória e do imaginário no ato de criação.

O mestre xilógrafo

Além da poesia, Minelvino dedicou-se também à arte da xilogravura. Xilógrafo de exímio ofício, é considerado o introdutor, na Bahia, desse tipo de expressão, que tem por finalidade ilustrar os folhetos e textos de cordel.

Técnica de gravura em relevo sobre madeira, a xilogravura necessita, para sua confecção, que seja desbastado um desenho inscrito em suporte de madeira, para depois, untado com tinta, calcá-lo contra uma folha de papel. As partes escavadas, que não receberam tinta de impressão, constituirão os claros da estampa. Assim, o xilogravador ou xilógrafo dá vazão a suas fantasias, que são aí corporificadas e passam a condensar os temas desenvolvidos pelos cordelistas.

Com habilidade, cioso de sua arte, o baiano Minelvino sempre soube manejar muito bem a goiva, tendo sido até aclamado Príncipe dos Xilógrafos do estado da Bahia, título que lhe foi atribuído por outro mestre famoso, Dila: "Eu, José Cavalcanti Dila, xilógrafo pernambucano, para Minelvino como xilógrafo não dou uma nota, e sim um título: Príncipe dos Xilógrafos do estado da Bahia". Orgulhoso, Minelvino exibiu e proclamou este seu título aos quatro ventos.

Os tacos (nome dado às peças de madeira trabalhadas pelos xilogravuristas) talhados por Minelvino veiculam poderoso fluir de imagens as mais variadas, deixando vazar suas intenções, ficções e fantasias. As mãos do artista, que desbastam, movidas pela imaginação, a matéria bruta do cajá ou da umburana (mesmo que, em certos casos, como o de Minelvino, lhe faltem alguns dedos), não podem ser aqui esquecidas. Cada golpe, cada traço, talhado na madeira, é uma personagem, nesse cenário de madeira, tinta e papel, que repassa para o povo as aventuras de que o xilógrafo e seu público são protagonistas.

Todo produto artístico é ambivalente, ambíguo, podendo haver nele muito mais do que aquilo de que seu autor tem consciência. A decodificação das criações xilográficas de Minelvino pode recair, pois, numa armadilha traiçoeira, onde se enredarão intenções não conhecidas de todo pelo criador. O xilógrafo Minelvino, em contato com a madeira, realizou o milagre do desenho. Algumas de suas xilos serão aqui invocadas, numa tentativa de mostrar sua força criativa.

No tocante ao caráter metonímico de sua obra, a xilogravura que ilustra o folheto *A estória das três irmãs e o pássaro encantado* é modelar, pois pode-se identificar um movimento redutor de sutil e intensa expressividade: o pássaro, de plumagem rica em detalhes na cauda, tem na cabeça penas erguidas que simulam uma coroa, denotando sua realeza. Protegido sob os braços da moça camponesa, é impedido de transformar-se em gigante, pois, como pássaro, é agente do bem e oculta ou mascara sua outra face.

A xilogravura que ilustra a capa do folheto *Estória do pavão encantado* impressiona pela proporcionalidade do desenho, de notável equilíbrio plástico: trata-se de um pavão com belíssima cauda, que se abre em leque de múltiplos olhos. Bem definidos, os ocelos da cauda simulam olhos atentos e percucientes. Todo o corpo da ave denota a elegância de um animal de nobre porte (o pavão é, nesse folheto, o príncipe metamorfoseado).

A xilo da *Peleja* tem uma proporcionalidade singular em trabalhos dessa natureza. Sua concepção demonstra o aspecto competitivo da peleja; e a superioridade de um competidor sobre outro é denunciada pela posição do pé e pela expressão de vivacidade no rosto de um deles, afora o detalhe e os enfeites diferenciados da viola e das vestes. Ambos estão de terno. O mais vivo, de terno xadrez, de bigode acentuando o aspecto sedutor, aparenta ser o mais velho, o mais experiente. O mais jovem, de terno liso, tem o olhar ingênuo do iniciante. Pode-se ler também, aqui, a tentativa de expressão de uma agressividade quase ausente, pois o embate se dá em nível elevado, de saber e improvisação, nada tendo a ver com o confronto físico e rasteiro, terra a terra, junto ao chão.

Já a xilo da capa do folheto *O poder da cachaça contra a lei do Criador* representa uma serpente bem trabalhada em pormenores nas partes escavadas. A concepção da serpente para a ilustração desse folheto foi um *achado* do artista para figurar o agente do mal, do vício e da sedução.

Autor de dezenas de xilos, Minelvino mergulhou sempre muito fundo na sua sensibilidade e criatividade em busca do que denominava *uma visão*. Todos os seus folhetos trazem sua assinatura nas xilos que ilustram a capa, com exceção daqueles publicados pela Lira Nordestina, que têm capa assinada por Diniz, além dos da editora Luzeiro, e também daquele premiado na Bahia, que tem capa de Sinézio Alves.

Minelvino, porém, não ilustrou somente os folhetos de sua autoria. Grande parte dos folhetos de outros cordelistas publicados na Bahia foi ilustrada com suas xilogravuras, sobretudo nas décadas anteriores a 1980, quando eram mais freqüentes seus contatos com a capital.

O aprendiz de tipógrafo

Dentre as várias habilidades de Minelvino, distingue-se também a de impressor, pois foi ele o responsável pela impressão da maioria de seus folhetos, trabalho que sempre executou com enorme zelo. Juntando as letras, separando-as depois e classificando-as segundo os tipos, o poeta via nessa sua habilidade um exercício lúdico, e assim passava horas.

A prática da tipografia e da impressão fascinava Minelvino, não apenas porque lhe permitia confeccionar seus próprios livros e o estimulava a produzir suas matrizes de xilo, mas também porque descobriu na máquina impressora o próprio símbolo do poder e da força criativa da tecnologia que sempre encantou o ex-garimpeiro de Cuia, habituado, desde cedo, ao maravilhoso trabalho de ourivesaria da natureza. Sua máquina tipográfica era muito bem cuidada, resguardada de poeira e sempre untada de óleo para garantir um perfeito funcionamento. É o próprio Minelvino que conta:

> Puxando a máquina de mão
> Para o meu livro fazer,
> Mas enchia a mão de calo
> Se punha o braço a doer,
> De noite estava cansado
> Que só faltava morrer.

Da impressora manual, o poeta passou para a máquina de impressão elétrica. Um acidente com a impressora elétrica, em 1979, danificou-lhe uma das mãos. Três de seus dedos ficaram inutilizados. Com os dois dedos que lhe restaram, Minelvino continuou mesmo assim a trabalhar, aperfeiçoando cada vez mais a sua técnica, a ponto de já não sentir a falta dos dedos que perdera. Impertubável, manipulava com destreza sua impressora elétrica:

> No dia dez de outubro
> Compus uma oração
> Botei na máquina impressora
> Para fazer a impressão,
> Em vez de imprimir o papel
> Errei e imprimi a mão.

O prazer da execução, apesar da repetição contínua e precisa dos mesmos gestos, permitiu a Minelvino substituir os dedos que não tinha por hábeis movimentos de mão que a todos encantavam, como se se tratasse de uma dança ou coreografia executada por mímico exímio. Nas mãos de Minelvino, o exercício da tipografia converteu-se em arte nobre e o tipógrafo/inventor transformou-se em personagem de exceção, capaz de domar a máquina e submetê-la à vontade sempre inquieta do poeta sensível e do xilógrafo habilidoso.

Dono de sua própria gráfica, que intitulou Gráfica Milagre de Jesus, Minelvino publicou incessantemente, sempre usando o epíteto de *O Trovador Apóstolo*, cuja origem era assim explicada por ele: "É que vi uma luz acesa diante de mim".

Uma luz acesa: O Trovador Apóstolo

A leitura do folheto *João da Cruz*, de Leandro Gomes de

Barros, fez aflorar a religiosidade inata de Minelvino. O poeta considerava esse folheto "um livro que se torna religioso".

Numa das conversas que tive com ele, explicou-me que a alcunha *O Trovador Apóstolo*, usada sempre em todos os seus folhetos, vinculava-se a uma espécie de experiência mística e iluminadora que vivenciara "é que vi uma luz acesa diante de mim". A partir daí, a fé e uma espécie de delírio místico passaram a marcar a vida e até a produção artística de Minelvino. A apaixonada e ingênua veneração, que desde sempre o poeta tributou às figuras de Jesus, de Deus Pai e da Virgem Maria, acabou por determinar, a partir de então, a intensificação e o desdobramento de certos traços místicos que, retrabalhados pelo imaginário e sempre presentes na escritura de seus folhetos, passaram a representar o ângulo bastante particular em que o poeta se situava para ver o mundo, traduzi-lo e interpretá-lo.

Imbuído de uma religiosidade cega e até mesmo delirante, Minelvino passou a considerar-se um escolhido ou eleito, incumbido de uma missão especial: prenunciar um mundo novo e renovado com base nos dez mandamentos ditados por Deus a Moisés.

O romeiro cantor

A opção pela religiosidade se acentuará mais e mais com a participação constante de Minelvino em romarias, sobretudo naquelas ao Bom Jesus da Lapa, para onde costumava transferir sua morada, durante vários meses, todos os anos. Além disso, dedicou-se com fervor à composição de benditos e hinos sacros, constituindo-se numa espécie de porta-voz dos romeiros, sempre atento — poeta que era e de boa estirpe — ao menor sinal de abalo rítmico da escritura poética, o que vale dizer que não admitia qualquer primazia do ritmo sobre o sentido. Nesse caso, a oralidade, naturalmente presente no ato litúrgico e na entoação de benditos, é que determinava o ritmo e o sentido da palavra poética, tomada sempre como veículo de expressão espontânea da fé e da esperança.

Minelvino falou-me várias vezes dos fantasmas místicos que permeavam seu imaginário e também de seu caráter de eleito, com a missão de pregar o evangelho, tal como os apóstolos de Cristo, mas de maneira cantante, ao modo do trovador. Para tanto, compôs dezenas de benditos, recolheu outros tantos, além de ter publicado em sua pequena gráfica textos como *O terço*, *O ofício de Nossa Senhora* e *Coleção de benditos do Bom Jesus da Lapa*, *Os 25 anos do programa A Voz Mariana* ou *O terço de Nossa Senhora*.

Ostentando, orgulhoso, o título de *Cantor do Bom Jesus*, concedido pela igreja daquela localidade do sertão baiano, Minelvino cantava os benditos de sua autoria e estimulava toda a multidão de romeiros a acompanhá-lo:

Senhor Bom Jesus da Lapa
Dai-me calma, paz e luz
Que agora vou-me embora
Adeus, adeus Bom Jesus.

Senhor Bom Jesus da Lapa
Mandai um anjo de luz
Pra acompanhar os romeiros
Para sempre amém Jesus.

Espontaneamente ou a serviço da Igreja, Minelvino aproveitava a publicação de seus folhetos para inserir nos rodapés exortações, pedidos e preces a Jesus, como por exemplo: "Senhor, se vós ver que o divórcio é realmente um ajuste para os casais desajustados, vós o traga na vossa santa paz, senão, afastai de nós este borrão que deseja apagar as palavras da vossa santa lei". Ou então: "Todos aqueles que não se arrependerem, continuar a matar, roubar, desonrar, levantar falsos testemunhos, são esses os pecadores que não irão com Jesus". Ou ainda: "Senhor, abençoai todos os vossos romeiros, que nada de mal os aconteça durante a viagem, e lembrai também de todos os romeiros que já foram para a Eternidade".

À guisa de conclusão

O imaginário de Minelvino, múltiplo e surpreendente, aliado a sua sensibilidade artística e a sua habilidade criadora, fez dele uma espécie de senhor dos ofícios.

Como senhor dos ofícios teve sempre plena consciência de sua arte e de sua obra. Certa vez, enfrentando um professor que não entendia e não aceitava os elogios feitos por um colega à arte dos poetas de cordel, tomou a palavra e disse:

> Todos nossos professores
> do Nordeste e do além
> Acham que o nosso cordel
> É cultura e falam bem
> Só o senhor quer botar
> Defeito aonde não tem.

Homem cordial e sensível, Minelvino trazia no bolso o retrato do amigo fiel Rodolfo Coelho Cavalcante. Entretanto, cioso da expressividade simples e espontânea dos poetas populares, não hesitava em pôr de lado sua natural cordialidade para erguer a voz contra a poderosa editora Luzeiro, que costumava corrigir os originais dos poetas que publicava, tendo chegado mesmo a suprimir várias estrofes do seu folheto *Antonio Conselheiro e a guerra de Canudos*. "Eu gosto é do meu, simples, bem feito, do coração", dizia Minelvino.

Radicado em Itabuna, Minelvino batalhou pelos direitos dos poetas populares e, em 1956, apresentou um projeto à Câmara Municipal propondo a denominação de rua dos Trovadores a uma das vias públicas de sua cidade. Residiu nela até 1999, ano em que, com sua morte, os benditos de Bom Jesus da Lapa deixaram de ser entoados por seu autor e cantor.

Do legado de Minelvino sobressai-se sua transbordante humanidade. Nele, vida e obra se confundem e se complementam, haja vista sua singular *Receita para um Bolo da Felicidade*:

> Uma xícara de amizade, duas xícaras de compreensão, uma xícara de paciência, uma xícara de humildade, um copo grande transbordando de alegria, uma pitada de bom humor, e uma colher de fermento de personalidade cristã.
> Preparo:
> Meça as palavras cuidadosamente. Acrescente a compreensão, a humildade e a paciência, misture tudo com muito jeito. Use fogo brando, nunca ferva! Tempere com alegria, o bom humor e a personalidade cristã. Sirva porções generosas, sempre com muito amor. Não deixe esfriar; a temperatura é a do coração. A receita nunca falha! Se alguém não gostar é porque tem o paladar estragado e precisa consultar quanto antes um médico chamado Jesus Cristo.

A arte de Minelvino é uma prática complexa, feita da manipulação hábil, sensível e também apaixonada de diversos códigos e linguagens: do verbal, do gestual, do musical, do visual. Os produtos de sua arte não merecem leitura ou estudo apenas de superfície, ao contrário, devem ser percorridos e penetrados a fundo, para que se possa conhecer melhor sua envolvente e cativante densidade humana, aliada sempre a um tom popular entre ingênuo e carinhoso.

O saldo de suas criações é tão grande que, em conseqüência, uma liderança velada acabou por lhe ser conferida, guindando-o à categoria de personagem quase mítica da cultura popular brasileira, em decorrência sobretudo de sua paixão pela arte e pela criação como fontes de busca de nossa verdadeira identidade.

Edilene Matos

Doutora em Comunicação e Semiótica pela PUC/SP

Autor: Minelvino Francisco Silva

A Flecha de Cupido Traspassou dois Corações

A flecha de Cupido traspassou dois corações

Musa Deusa dos poetas
Vem atender meu pedido
Inspirai meu pensamento
Pra contar este ocorrido
Nos corações o que faz
A flecha do deus Cupido

Ele é muito intrometido
Perverso e muito imprudente
Quando ele atira a flecha
Transforma em chama ardente
Sorri e diz aos amantes:
Quem for fraco se arrebente

Na Polônia antigamente
Em certa localidade
No cimo de uma serra
Tinha uma linda cidade
Era a cidade mais linda
De toda universidade

Serra alta de verdade
De fazer admirar
Só tinha um subterrâneo
Para quem fosse passar
Por outro canto ninguém
Jamais podia alcançar

Uma cidade exemplar
Sem outra superior
Tinha sido descoberta
Pelo um velho caçador
Um polonês de verdade
De muito grande valor

Valdivino era um senhor
Grande herói do gênio forte
Que lutou pela cidade
Enfrentando até a morte
E por fim ficou tristonho
Maldizendo a sua sorte

Um rei japonês de morte
Sabendo da novidade
Que Valdevino era dono
Daquela bela cidade
Depressa formou um plano
Pra cometer crueldade

Pra mesma localidade
Os seus soldados macharam
Ninguém estava esperando
Assim que eles chegaram
Fizeram grande surpresa
Toda cidade tomaram

A Valdivino obrigaram
Cair na desolação
Por ficar escravizado
Sem ter mais libertação
Só faltava enlouquecer
Sem achar consolação

Valdevino tinha uma filha
Linda mesmo em demasia
Parecia a estrela d'alva
Quando vem rompendo o dia
Podia se comparar
Com a deusa da poesia

Quando o velhinho chorava
Ela vinha lhe consolar
Dizendo: papai não chore
Devemos nos conformar
Que Deus nos mostra um recurso
Que possa nos libertar

O velho se conformava
Com sua sorte mesquinha
Tomava sempre o conselho
De sua bela filhinha
E lutava encorajado
Naquela mesma vidinha

A filha do pobre velho
Devido sua formosura
Que de berço recebeu
Pela força da natura
Por isso o pai e a mãe
Lhe batizou por Candura

Era somente Candura
Que consolava o velhinho
Que vivia em desespero
Naquele longo caminho
Lutando por noite e dia
Como uma ave sem ninho

Por uma infelicidade
O tal monarca agradou-se
Da pobre moça Candura
E com ela enamorou-se
Sem ela dar liberdade
A pulso logo enoivou-se

Com a proposta do Rei
Aquele bruto ferino
Pra se casar com Candura
Para cumprir seu destino
Antes cravasse um punhal
No peito de Valdevino

Valdevino muito triste
Desta maneira pensava
Que daquele Rei infame
Ele nunca se vingava
Se casasse com Candura
Ele se suicidava

A polícia polonesa
Procurava retomar
Aquela bela cidade
Para o velho libertar
Porém tudo era debalde
Só ia a vida entregar

Porque o Rei japonês
Mandou ali guarnecer
De canhões e metralhadoras
Para ninguém lhe vencer
Quem fosse nessa cidade
Só ia a vida perder

Em cada pedra da serra
Ele bolou um canhão
Com a boca para baixo
E um soldado de plantão
Quem viesse contra ele
Morria sem remissão

Metralhadoras ali
Por todo canto continha
Cada rajada que desse
Matava cem numa linha
Morria duma só vez
Outra defesa não tinha

Na igreja tinha um sino
Que quando ele batia
Mesmo que fosse a vagar
Com dez léguas se ouvia
Era um sinal de brigada
A força se reunia

No badalo desse sino
Um fio ali amarraram
E pelo subterrâneo
O mesmo fio passaram
Com uma légua de distância
Num carretel colocaram

Botaram lá um vigia
De muita capacidade
Pra quando visse os contrários
Usar de sagacidade
Puxar logo o carretel
Pra dar aviso à cidade

A polícia polonesa
Pegou arma e munição
Pra ir tirar Valdivino
Da infame escravidão
Organizaram depressa
Um forçoso batalhão

Seguiu este batalhão
Todos soldados marchando
Todos eles bem armados
Cada um imaginando
De pegar os inimigos
Ir todos encarcerando

Quando chegaram no ponto
Que o vigia avistou
No veio do carretel
Ligeiramente puxou
Bateu o sino três vezes
Toda cidade avisou

A soldadesca juntou
Naquele mesmo momento
Cada qual em seu lugar
Agarrou seu armamento
E enfrentou com coragem
Aquele drama sangrento

Soldado, cabo e sargento
Não escutaram razão
Pegaram as metralhadoras
Rifle, fuzil e canhão
Dispararam duma vez
Como relâmpago e trovão

Nesta mesma ocasião
A polícia polonesa
Dispararam seus fuzis
Contra a força japonesa
Porém tudo era debalde
Que estavam ali sem defesa

Vendo esta grande fraqueza
Os contrários atiravam
Da polícia polonesa
Três, quatro, cinco rolavam
Dez, doze, quinze morriam
Quando os canhões estouravam

Metralhadoras roncavam
Que via a serra abalar
Da polícia polonesa
Só via defunto rolar
Morreu tanto polonês
Que faz pena até contar

Vendo tudo se acabar
Sem nenhum contar vitória
E a polícia japonesa
Com o diabo em memória
Escapou três poloneses
Para contar a história

Sem esperança de glória
Correu um cabo e um sargento
E também um general
Homem de muito talento
Chegaram lá na Polônia
Quase loucos sem talento

Aquele grande tormento
Se puseram a contar
Que naquela grande luta
Não puderam triunfar
Que de todo batalhão
Só três puderam escapar

Pode nos acreditar
Ilustre governador
Que a polícia japonesa
Briga com arte e valor
Tudo ali entrincheirada
Que não há superior

Não há de ser vencedor
Quem for lutar de fuzil
Contra tanto japonês
Canhões tem pra mais de mil
Rajadas de mil metralhas
Contra um só projetil

Aquele povo tão vil
Precisa tomar cuidados
Preparar um batalhão
Com canhões bem preparados
Do contrário toda vida
Seremos nós derrotados

Para avisar os soldados
Tem ali um tal vigia
Eu não sei como ele avisa
Com tão grande estratégia
Que o sino bate na igreja
Fortemente em demasia

Com coragem e energia
Falou o governador:
General vamos mostrar
Que também temos valor
Que a polícia polonesa
É sempre superior

Um general sem temor
Temos aqui Laudelino
Que luta entusiasmado
Com qualquer um assassino
Nunca temeu valentão
Por mais que seja ferino

Vai também tenente Altino
Com um forçoso batalhão
Levam mil metralhadoras
Com canhão crupe alemão
Quero ver os japoneses
Ganharem agora a questão

Nesta mesma ocasião
Foi chegando Laudelino
Um general afamado
Um tigre mesmo ferino
Que amarrava sozinho
O homem mais assassino

Para seguir seu destino
Reuniu seu batalhão
Armado a metralhadora
Rifle, fuzil e canhão
Pra cidade dos assombros
Tomou logo direção

Já estava de prontidão
A polícia japonesa
Esperando qualquer hora
Toda força polonesa
O vigia estava atento
Temendo qualquer surpresa

Imaginando uma defesa
O valente general
Da polícia japonesa
Para atacar seu rival
Matando logo o vigia
Era o mais certo e legal

Este cálculo especial
O batalhão concordou
Foi um soldado na frente
Logo ao vigia alvejou
Deu um tiro tão certeiro
Que com um só derrubou

Quando o vigia tombou
Isto com agilidade
Foi puxando o carretel
Com a maior brevidade
Deu três pancadas no sino
Avisou toda cidade

Ouvindo a realidade
Toda força se armou
Cada qual em sua trincheira
Bem prevenido ficou
Cada um com um canhão
O inimigo enfrentou

Logo a luta se travou
Não pouparam munições
De uma parte e de outra
Demonstrando seus brasões
Só via gente cair
No disparar dos canhões

Perdendo suas ações
Os poloneses, coitados!
Atiravam atoamente
Os outros entrincheirados
Cada tiro derrubava
Cinco, seis, oito soldados

Os japoneses zangados
Cada um logo atirava
Só via bala tinir
Por todo canto zoava
E a polícia polonesa
Só pelo chão se embolava

Por todo canto tombava
Soldado morto e ferido
Só via sangue correr
Soldado soltar gemido
Até mesmo Laudelino
Já estava esmorecido

Um japonês atrevido
A sua arma encostou
No general Laudelino
Quando o tiro detonou
O general deu um pulo
Ali no chão se estirou

Assim que o chefe tombou
Um japonês renitente
Gritou: faz fogo negrada
Avancem mais para frente
Dos soldados poloneses
Não correu um pra semente

O rei japonês contente
Mandou um médico legal
Examinar todos mortos
Pra fazer o funeral
E os que estivessem vivos
Levassem para o hospital

Foi um médico especial
Examinando os soldados
Os que já estivessem mortos
Iam logo sepultados
Os vivos pra o hospital
Ligeiros iam transportados

Uns cinqüenta baleados
Levaram para o hospital
Onde foi o Laudelino
O famoso general
Bastantemente ferido
Num sofrimento fatal

O japonês infernal
Só tinha esta bondade
Quem não morresse na luta
Não fazia barbaridade
Curava e mandava ir embora
Com toda amabilidade

Com três dias nessa cidade
Laudelino se acordou
Ao lado duma enfermeira
Que ele muito admirou
Pois a beleza era tanta
Que ele se apaixonou

Ele a ela perguntou
Por esta forma a falar:
Senhorita me responda
O que vou lhe perguntar
Quem me trouxe da Polônia
Aqui pra este lugar?

Disse ela: vou contar
Nesse instante irá saber
O general veio ferido
Já quasemente a morrer
Com dois balaços horríveis
Bastantemente a sofrer

Já pude compreender
Disse assim o general:
Que uma certa ocasião
Eu lutei com um pessoal
De canhão e metralhadora
E não sei o resto afinal

Foi nesta luta fatal
Disse assim a enfermeira
Que morreu tanto soldado
Que foi grande a bagaceira
O senhor veio quase morto
Ainda está desta maneira

Minha estimada enfermeira
Onde estão os meus amigos
Com todos os meus soldados
Estão também de castigo?
Disse a enfermeira: morreram
Pelas mãos dos inimigos

Com a morte dos amigos
O general desmaiou
A enfermeira depressa
Um remédio colocou
No nariz do general
Ligeiro se melhorou

Assim que ele falou
Perguntou: quais os motivos
Que meus soldados morreram
Nas mãos desses agressivos?
Respondeu a enfermeira:
Ainda tem muitos vivos.

Não sei se tem fugitivos
Aí pelo florestal
Mas sei bem que tem cinqüenta
Aqui neste hospital
Quando sarar vão embora
Pra nossa terra natal

Perguntou o general:
A senhora é japonesa?
Disse ela: Deus me livre
De ser filha de vileza
Mesmo assim escravizada
Mas digo: sou polonesa

Conhecendo da certeza
Devido estas ações
Cupido agarrou depressa
Sua flecha das paixões
Fastou um passo e atirou
Naqueles dois corações.

Com aquelas tentações
Que fez essa criatura
O coração da enfermeira
Sentiu uma grande quentura
A filha de Valdivino
Que se chamava Candura

E a outra criatura
Sentiu seu peito ferido
O general nessa hora
Soltou um grande gemido
Com o coração cravado
Pela flecha de Cupido

Estando muito abatido
O general Laudelino
Nada disse à enfermeira
Mas ficou quase sem tino
Candura também oculta
Ficou quase em desatino.

Para cumprir meu destino
Disse assim o general:
Se eu não morrer desta vez
Salvar de todo este mal
Hei de ir com esta jovem
Ao ato matrimonial

Ficando em seu ideal
Aquela jovem querida
E ela todos os dias
Curava sua ferida
Para ele aquela jovem
Era a luz de sua vida

Depois de toda esta lida
O general ficou são
Um dia não suportou
Aquela grande paixão
Chamou Candura a enfermeira
Dizendo nesta razão:

Sois digna de educação
A mim queira desculpar
Pelo amor que lhe tenho
Me obriguei revelar
Se não me casar consigo
Irei me suicidar

Quase sem poder falar
Candura lhe disse assim:
Oh! Ilustre general
Nossa amizade é ruim
Pois se o monarca souber
Mandará nos dar-lhe fim

Candura lhe disse assim
E a palestra findou
Porque o carro do rei
Naquela hora apontou
A moça pediu licença
E dali se retirou

Quando o monarca chegou
Falou para o general:
Já está são pode ir embora
Pra sua terra natal
Nunca mais pense em voltar
Se não quiser se dar mal

Chamou um guarda real
Ordenou pra ir levar
O general Laudelino
E nas trincheiras passar
Senão podia os soldados
Querer até lhe matar

O guarda foi pra passar
O general dos soldados
Que estavam nas trincheiras
Todos eles bem armados
De canhão, metralhadoras
Como uns leões enfezados

Ficaram muitos zangados
Quando viram o general
Mas o guarda leu a ordem
Da majestade real
Que àquele pobre homem
Ninguém podia fazer mal

Por todo esse pessoal
Foi franqueada a passagem
O general foi embora
Só pensando em sua imagem
Pra lutar ao lado dela
Não lhe faltava coragem

Seguiu direto a viagem
Lá na Polônia chegou
No palácio do governo
Depressa se apresentou
Aquela grande derrota
Tudo ao governo contou

Um tudo que se passou
Ele contou sem aumento
Da grande luta que teve
E todo seu sofrimento
Que os soldados que escaparam
Ficaram em padecimento

O governo no momento
Tão triste quase a chorar
Disse para o general:
Agora vamos pensar
Como devemos fazer
Pra novamente atacar

Agora vá descansar
Depois vamos resolver
Pra ir lá nessa cidade
Como devemos fazer
Respondeu o general
Um plano eu pude obter

Pra ninguém me conhecer
Me trajo de japonês
E sigo para cidade
Do dia cinco até seis
Atacaremos de novo
No dia trinta do mês

Eu creio que desta vez
Indo um grande batalhão
Eu já dentro da cidade
Solto os que tem na prisão
Para enfrentar a luta
Eu dou arma e munição

Quando nosso batalhão
Fizer fogo de cá
Eu também com meus soldados
Faremos fogo de lá
Da polícia japonesa
Faremos um vatapá

Se vira num abará
Ou então mesmo em carvão
Que pego metralhadora
Cada um soldado um canhão
Da polícia japonesa
Não fica nem geração

O governo a sua mão
Ligeiramente apertou
Dizendo: gostei de ver
O que agora pensou
Vamos sair triunfantes
Por esta forma falou

A soldadesca juntou
Todos ali concordaram
Para seguirem a viagem
Todos bem certos ficaram
No dia trinta do mês
Esta proposta assinaram

As praças se retiraram
O general se aprontou
Com farda de japonês
Bem direito se trajou
Pra aquela cuja cidade
O general viajou

O vigia lhe avistou
Mas ele por sua vez
Fitando bem ao vigia
Um sinal de longe fez
O vigia deu passagem
Pensando ser japonês

O general polonês
Sua viagem seguia
Passando pelas trincheiras
Japonês assim dizia:
Bem-vindo nosso patrício
Lhe abraçava e sorria

Ele a todos respondia
Com respeitabilidade
Com o estilo do Japão.
Usando sagacidade
Que ia falar com o monarca
Naquela bela cidade

Sem pequena novidade
Lá na cidade chegou
Veio um guarda japonês
Com ele se abraçou
Na residência dum velho
O general se hospedou

Assim que o velho avistou
O general polonês
Conheceu que nem parença
Ele tinha com japonês
Mas isso consigo mesmo
Passou-se por esta vez

Mais tarde o velho lhe fez
Uma pergunta sem fim
Dizendo: meu polonês
Nada tu negas a mim
Nunca foste japonês
E aqui darão-lhe fim

O general disse assim:
Meu velho tenha cautela
Guarde-me este segredo
Senão tudo desmantela
Quem me faz eu vir aqui
É o amor duma donzela

Tenho loucura por ela
Sinto tão grande paixão
Que sinto chamas ardentes
Queimando meu coração
Se não me casar com ela
Vou entrar no frio chão

Me conte meu cidadão
Quem é esta criatura
Que tens tão grande amizade
E tão tremenda loucura?
Disse ele: é uma jovem
Chama-se ela Candura

O velho quase censura
Mas ainda perguntou:
O senhor tem o retrato
Dessa jovem que gostou?
Tenho sim, respondeu ele
E um retrato mostrou

O velho assim que olhou
O retrato no momento
Disse ao moço: oh! cidadão
É grande seu sofrimento
Esta moça é minha filha
Mas já tem um casamento

Esse rei bruto e nojento
Com ela há tempo enoivou-se
Já está marcado o casório
Ele de tudo aprontou-se
Se com minha filha casar-se
A minha vida acabou-se

Assim que o velho calou-se
Foi falando o general:
Chame sua filha querida
A luz do meu ideal
Com o vosso consentimento
Salvarei de todo mal

Foi chegando do hospital
Aquela linda figura
A filha de Valdevino
A herdeira da natura
Era um brilhante em beleza
Um primor em formosura

O velho chamou Candura
Para com o moço falar
Quando ela viu o moço
Sentiu seu peito abrasar
O seu coração batia
Em tempo até de saltar

Quase sem poder falar
O moço lhe disse adeus
Foi também lhe explicando
Como era os cálculos seus
Pra acabar com os japoneses
Aqueles brutos ateus

Disse ela: o bom Deus
Que é de te ajudar
Que vença estes infames
Que veio nos escravizar
Tomaram nossa cidade
A fim de nos castigar

Comigo quer se casar
Aquele rei orgulhoso
Mas Deus há de ser por mim
Como um pai tão poderoso
Há de salvar-me daquele
Infame vil rancoroso

O general corajoso
Falou a ela assim:
Tenha fé no Pai Eterno
Depois tenha fé em mim
Que este rei miserável
Agora lhe darei fim

Um espírito de Caim
Que estava observando
Sem eles nenhum dar fé
Correu foi logo avisando
Ao monarca japonês
O que estava se dando

Foi o monarca ordenando
Dez soldados pra atacar
A casa do pobre velho
E polonês agarrar
Para matar na prisão
Para melhor se vingar

Seguiram para pegar
O polonês atrevido
Cercaram a casa do velho
Gritaram: se entrega bandido
O general saltou fora
Como um leão destemido

Como um tigre enfurecido
Com seu revólver na mão
Deu um tiro nos soldados
Derrubou dois sobre o chão
Ali travou-se uma luta
De comover coração

Igual a cobra no chão
O general se enrolava
Bala pegava no chão
Que a poeira voava
Quando ele dava um tiro
Três, quatro, cinco, tombava

Naquela hora chegava
Um forçoso batalhão
Do general nessa hora
Acabou-se a munição
Os soldados foram a ele
Querendo pegar de mão

Porém tinha disposição
O valente general
Naquele mesmo momento
Puxou logo pelo punhal
Travou-se naquela hora
Uma luta sem igual

Naquela luta fatal
O general já cansado
Lutando contra cem homens
O seu punhal foi tomado
Também naquele momento
Foi preso e todo algemado

Depois de todo amarrado
Levaram para a prisão
Para morrer degolado
Não tinha mais salvação
Lá encontrou seus soldados
Detidos na detenção

Todos lá na escuridão
Sofrendo por noite e dia
Amarrados pés e mãos
E nenhum também gemia
Se começasse a gemer
Com dois minutos morria

A pobre moça sentia
A prisão do general
Sem ela poder dar jeito
Era igualmente um punhal
Cravando horrorosamente
Seu coração jovial

Seu amor firme e leal
Ela sentia doer
No seu coração de jovem
Por não poder socorrer
Aquele que brevemente
Na forca tinha que morrer

Estava para vencer
O prazo que foi marcado
Da polícia polonesa
Atacar o rei malvado
Tomar a cidade e prendê-lo
Pra deixar de ser ousado

No dia que foi marcado
Pra matar o general
Com todos os seus soldados
A polícia especial
Viera lá da Polônia
E atacou tudo afinal

O sino deu o sinal
A soldadesca juntaram
Correram para as trincheiras
Depressa se entrincheiraram
Todos de armas de punho
As tropas todas ficaram

Os soldados se afastaram
E Candura aproveitou
Pra soltar o general
Um cálculo logo formou
Vai dar tudo bem certinho
Como a jovem imaginou

Com o carcereiro falou
Por esta forma a dizer:
Deixe eu levar umas frutas
Para aos presos oferecer
Pra chupar se despedindo
Que irão todos morrer

Sem querer quase atender
Respondeu o carcereiro
Se é fruta de verdade
Vá buscar logo ligeiro
Mulher tem muita cilada
Só eu olhando primeiro

Pra mostrar ao carcereiro
Ela foi logo buscar
Trouxe uma cesta de frutas
Mandou ele examinar
Ele olhou bem direitinho
E mandou ela levar

Ela tornou a voltar
E para ele falou
Que se esqueceu duma fruta
Chegou lá dentro trocou
Com uma cesta de revólveres
E novamente voltou

Chegando ao cárcere falou
Com todos os condenados:
Vocês querem chupar frutas
Pra morrerem sossegados?
Eu não quero, outro não quero
Falaram todos vexados

Todos já desenganados
Porém fora o general
Que disse: minha querida
Sois luz do meu ideal
Dá-me esta cesta e confia
Em Deus Pai Celestial

Ela entregou afinal
Aquela cesta da mão
As frutas eram os revólveres
Com bastante munição
O general nesta hora
Alegrou seu coração

Com muita satisfação
Os seus soldados soltou
Com munição e revólver
Cada um logo se armou
Candura ligeiramente
Depressa se retirou

Quando a moça se ausentou
Eles foram ao carcereiro
Pegaram e tomaram a arma
Prenderam logo ligeiro
Logo o feitiço virou
Por cima do feiticeiro

Aquele nobre guerreiro
Ligeiramente marchou
Chegou na casa do velho
Ele muito se alegrou
Pegou também seu fuzil
Junto a eles se encostou

Naquela hora chegou
Uma turma de soldados
Que ia para as trincheiras
Porém iam desarmados
Disseram eles: se entreguem
Lote de cabras safados

Todos ficaram assombrados
Tiveram que se entregar
Tirem as fardas todo mundo
Se puseram a tirar
Entrem agora aí no cárcere
Que a porta eu quero trancar

Depois das fardas tiradas
Foram entrando na prisão
O general foi trancando
E vestiu seu batalhão
Com as fardas japonesas
Salvou sua situação

Tendo toda precaução
Foram ao campo de batalha
Trajados de japonês
Enganou toda canalha
Agarraram o armamento
Sem nenhum dar uma falha

Cada pegou uma metralha
Deram começo à defesa
Em vez de atirar para frente
Na polícia polonesa
Atiravam para trás
Na polícia japonesa

O velho pai da beleza
A noiva de Laudelino
Com sua metralhadora
Era um tirano ferino
Da polícia japonesa
Não ficava nem menino

Vendo aquele desatino
O general polonês
Avançava horrivelmente
Pra cima do japonês
O general Laudelino
Matando dez duma vez

Com meia hora talvez
Os japoneses fracaram
Mais da metade morreram
Que os poloneses mataram
A polícia polonesa
Chegou e o resto amarraram

Quando ao palácio chegaram
A majestade correu
Procurando a se esconder
Temendo o castigo seu
Mas a polícia que viu
Correu atrás e prendeu

Lhe disseram: conheceu
Que agora há de penar
O que fez com este velho
Por isto tem que pagar?
A coroa é dele agora
Faça favor de entregar

Com medo pra se acabar
Pensando morrer na peia
Entregou logo a coroa
Sem fazer a cara feia
Depois disso o general
Lhe sacudiu na cadeia

Sem almoço janta e ceia
Lá na prisão se acabou
O general Laudelino
Com Candura se casou
Foi uma semana inteira
Que aquele povo dançou

Muita gente discursou
Nesse belo festival
Dando viva a Valdevino
E também ao general
Com sua esposa Candura
Um anjo material

Essa festa colossal
Foi daquelas de primeira
Teve todos instrumentos
Que animam brincadeiras
Foram até os violeiros
Dionísio e Laranjeiras

Terminando as pagodeiras
Tudo ali foi rebentado
Não queriam o que foi feito
Por aquele rei malvado
Para ser feito de novo
Pelo rei recém-coroado

Quebraram todo telhado
Derrubaram logo o sino
Amassaram a coroa
Daquele rei assassino
Para fazer no governo
Do novo rei Valdivino

Acabou-se o rei ferino
Pra não ser tão atrevido
O general Laudelino
Venceu em todo sentido
Uniu-se os dois corações
Com a flecha de Cupido

De sono muito abatido
Aqui dou por terminado
Pague somente este preço
Que tem na capa marcado
E pra almoçar em sua casa
Comigo, está convidado

Autor: Minelvino F. Silva
"o trovador apòstolo"

O PREGUIÇOSO QUE SE VIROU CACHORRO A FI DE NÃO TRABALHA

O preguiçoso que se virou cachorro a fim de não trabalhar

Tem gente que diz que alguém
Leva a vida facilmente
Sem precisar trabalhar
Tudo chega de repente,
E tem uma vida boa
Pois acha tudo é a-toa
Em uma vida excelente

Para quem pensar assim
Como exemplo eu vou contar
A história dum preguiçoso
Que vivia a aventurar
Que alguém desse um socorro
Quis até virar cachorro
A fim de não trabalhar

Paulo de Souza Preguiça
Moço forte de verdade,
Porém era preguiçoso
Que fazia piedade,
Sem pandeiro e sem viola
Vivia pedindo esmola
Na maior necessidade

Se queixava a todo mundo
Que vivia a padecer,
O trabalho de pedir
Era mesmo de doer,
E nem todo mundo dava
Do jeito que se esforçava
Parece que ia morrer

Chegando numa fazenda
Bateu na porta, saiu
Ao fazendeiro, o Preguiça
Uma esmola pediu,
O fazendeiro lhe deu
Mas seu coração doeu
E para entrar insistiu

O Paulo Preguiça entrando
Numa cadeira sentou,
Porque andava pedindo
O homem lhe perguntou,
Se quisesse trabalhar
Ele podia arranjar,
Mas Paulo não aceitou

Paulo disse meu senhor
Pra lhe dizer a verdade,
Eu não gosto de trabalho
Porque é dificuldade,
Para mim não é vantagem
Mesmo eu não tenho coragem
Prefiro a necessidade

O fazendeiro lhe disse:
O seu pensamento é falho,
Ele disse: meu amigo
Eu vivo quebrando um galho,
Ninguém tem nada comigo
Será o meu inimigo
Quem me falar em trabalho

Ali tinha um cachorro
No meio da casa deitado,
Num pedaço de esteira
O Preguiça admirado
Disse: eu achava um socorro
Se eu pudesse ser cachorro
Para viver descansado

O fazendeiro lhe disse:
Se você quiser ficar,
Sendo um cachorro nosso
Eu garanto sustentar,
Boto outra esteira ali
Você vai comer e dormir
Sem precisar trabalhar

Eu quero, respondeu ele
Para mim é uma beleza!
Pois cachorro não faz nada
Leva a vida na moleza,
Eu vou me unir com ele
Vou ser um colega dele
E viver bem com certeza

O homem chamou a mulher:
Traz aí outra esteirinha
Que agora é dois cachorros
Que temos nesta casinha,
Traz a comida pra eles
E quero que trate deles
Com carne, peixe e galinha

A mulher trouxe a comida
E dividiu para os dois,
Um bom prato de feijão
Com carne, peixe e arroz,
Comeram tudo que tinha
Cada em sua esteirinha
Ambos deitaram depois

O preguiçoso contente
No pensamento dizia:
Agora aqui encontrei
Um tudo quanto eu queria,
Do jeito que já sofri
Não vou mais sair daqui
Achei o que pretendia

Dias depois, meia-noite
Uma galinha gritou,
Que uma raposa atrevida
Lá o poleiro atacou,
O homem com um facão
Saltou da cama no chão
E o seu cachorro gritou:

Navegante avança, pega
O bicho lá no poleiro,
E o cachorro avançou
Como um leão verdadeiro,
O outro ficou deitado
O fazendeiro zangado
Pra ele gritou ligeiro

Você também é cachorro
Tem que o bicho ir pegar,
E deu logo um pontapé
Que ele foi se aprumar
Lá no meio do terreiro
E aquele fazendeiro
Querendo ainda chutar

O homem que era cachorro
Que viu aquele reclame,
Foi correr para o poleiro
Sentindo um grande vexame
Devido àquela proposta
Foi correr caiu de costa
Que se lascou no arame

O fazendeiro atrás dele
Com o seu grande facão,
Deu nele uma pancada
Ele enrolou pelo chão,
Dizia o homem zangado:
Cachorro mole danado
Não come mais meu pirão

O verdadeiro cachorro
Ligeiramente chegou,
No poleiro das galinhas
E a raposa agarrou,
O fazendeiro era duro
Com seu facão no escuro
A tal raposa cortou

O cachorro de mentira
Estava todo lascado,
Pois se bateu no arame
Estava todo furado
Inda tomou pontapé
Da cabeça até o pé
Se achava ensangüentado

Depois toda esta luta
Ele disse: eu quase morro,
Disse para o fazendeiro:
Me leve ao pronto-socorro,
Também vai me desculpar
E a mim vai liberar
Não quero mais ser cachorro

Respondeu o fazendeiro:
Não queira se esmorecer,
Continue sendo cachorro
Que eu dou o que comer,
Aqui em minha fazenda
Respondeu: Deus me defenda
Antes prefiro morrer.

Daí então este homem
Foi para outro lugar,
Conheceu que pra viver
É preciso trabalhar,
Tornou-se um trabalhador
De grandioso valor
Começou se melhorar

Paulo de Souza Preguiça
Trabalhando o ano inteiro,
Sem perder dia nem hora
Neste país brasileiro,
Cada vez mais prosperando
Mais a mais se melhorando
Foi mais tarde um fazendeiro

Isto sirva de exemplo
Pra quem segue neste tema,
Pois ninguém tem vida fácil
Cada tem o seu problema,
Ou na roça ou na cidade
Tudo é dificuldade
Cada qual tem seu dilema

Veja o problema do guarda
Dia e noite e toda hora
Se matar vai pra cadeia,
Se morrer leva a piora,
Se bater em qualquer leigo
Perde logo seu emprego
Se apanhar vai cair fora

O delegado também
Pra prender os marginais,
É preciso ter coragem
E equilíbrios mentais,
Pra conhecer os culpados
Nunca dá golpes errados
Precisa ser bem capaz

O prefeito da cidade
Para o seu povo agradar,
Quando um diz que ele é bom
Outros se danam a falar,
Dizendo: ele não presta
Se juntam de testa a testa
Só para caluniar

O governo do estado
A mesma coisa acontece,
Quando um diz que ele é bom
Diz outro que não merece,
A confiança do povo
O outro afirma de novo
Pois ele é quem bem conhece

E também o Presidente
A mesma coisa se dá,
Todo povo contra ele
Se danam logo a falar,
Ele lá só se virando
E o povo todo falando
Que não sabe governar

Autor—Minelvino Francisco Silva
o trovador apòstolo

O FILHO DE JOÃO ACABA-MUNDO E O DRAGÃO DO REINO ENCANTA

O filho de João Acaba-Mundo e o dragão do reino encantado

Apolo deus da poesia
Com o teu saber profundo,
Por ordem do Espírito Santo
Inspirai-me num segundo
Para escrever sobre o filho
De João Acaba-Mundo

João velho Acaba-Mundo
Que casou com Guiomar,
Filha do imperador
Lá do reino de Nicar,
Mais tarde herdou a coroa
E tudo foi governar

Nesse tempo sua esposa
Teve o primeiro filhinho,
Que deram seu apelido
Pra ser chamado Joãozinho,
João Acaba-Mundo Filho
Batizou pequenozinho

João Acaba-Mundo Filho
Quanto mais ia crescendo,
Ficava mais destemido
Pelo que ia fazendo,
Vai ser este igual ao pai
Ia o povo assim dizendo

Com dez anos de idade
Ia pra escola estudar,
Quando voltava, os colegas
Que queriam anarquizar,
Ele metia-lhe o soco
Tinham que lhe respeitar

Se juntavam quatro, cinco
Para em Joãozinho bater,
Ele enfrentava a parada
Sabia se defender,
E por fim batia em todos
E os botava pra correr

Se qualquer outro menino
Batesse em colega dele,
Ele aí tomava a frente
Comprava a briga pra ele,
Nunca se viu um menino
Valente assim como aquele

Se o pai de algum menino
Fosse ao rei se queixar,
Que João bateu no seu filho
Em tempo até de o matar,
O rei dizia: meu filho
Eu bato é quando apanhar

Porque seu filho apanhou
O senhor vem me falar,
Se ele tivesse batido
No meu filho até matar,
Nem o senhor e nem ele
Vinham me participar

Leve seu filho ao médico
Pra examinar com clareza,
Mande pra cá a receita
Que pago toda despesa,
Mas deixo meu filho em paz
Que já vem por natureza

Joãozinho assim se criava
Com o dom da valentia,
Respeitava todo mundo
Não gostava de anarquia,
Mas quem bulisse com ele
Na luta sempre perdia

Aprendeu diversas línguas,
Aprendeu também lutar,
No manejo da espada
Ninguém podia agüentar,
O Acaba-Mundo Filho
Que era mesmo de amargar

Com vinte anos de idade
No ano de se formar,
O reino das Andorinhas
Para poder se mostrar,
Declarou ele uma guerra
A João rei de Nicar

No reino das Andorinhas
Tinha um rei muito invejoso,
Cobiçador do alheio
E por demais orgulhoso,
Tudo queria pra ele
Era muito ambicioso

Por isso declarou guerra
Se preparou pra lutar,
Porque seu maior desejo
Era tudo dominar,
E receber o tributo
Desse reino de Nicar

João Acaba-Mundo disse:
Meu filho preste atenção,
O reino das Andorinhas
Já me fez declaração,
Para uma tremenda guerra
De chamar mesmo atenção

Você que é general
Organize os flechadores,
Com os carros necessários
Para todos lutadores,
Os escudos e as espadas
Pra enfrentar os invasores

Você vai com um batalhão
O inimigo atacar,
Eu irei atrás com outro
Para poder reforçar,
Vamos pegar os inimigos
Sem deixar um escapar

Aqueles que derem a testa
E não quiser se render,
Cortaremos nas espadas
Não temos tempo a perder,
Mas os que se acovardar
Basta somente prender

Joãozinho disse: meu pai
O senhor pode ficar,
Dando as ordem no palácio
Que sozinho irei lutar,
Serão finados ou presos
Aqueles que me enfrentar

Ele reuniu os guerreiros
E formou seu batalhão,
Todos armados de espadas
E de escudos na mão,
Para enfrentar o inimigo
Com toda disposição

E seguiu para a fronteira
Com seus batalhões armados,
De espadas e escudos
E cavalos preparados,
Pra vencer os inimigos
Assim que fossem atacados

Então o rei inimigo
De nome Zé Beradão,
Reuniu os seus guerreiros
E formou seu batalhão,
Com espada, arco e flecha
E toda preparação

Chegando lá na fronteira
Os guerreiros se encontraram,
E a tremenda peleja
No momento começaram,
Vai espada e vem espada
E assim continuaram

Joãozinho no seu cavalo
Gritava pra o batalhão:
Avancem meus bons guerreiros
Peguem os bandidos de mão,
Só se via gente morta
Caída ali sobre o chão

Também José Beradão
Gritava pra seus guerreiros:
Avancem, avancem negrada
Sejam uns fiéis companheiros,
Os guerreiros de Nicar
Quero vê-los prisioneiros

De uma parte e de outra
Os batalhões avançavam,
Só se via poeira subir
As flechas assoviavam,
As lanças cavam a terra
As espadas clareavam

Os guerreiros de Joãozinho
Brigavam como leão,
Como serpente assanhada
O povo de Beradão,
Que brigavam como uns loucos
Roncando como barrão

Só via espada trincar,
Só via flecha zunir,
Só via sangue correr,
Só via escudo tinir,
Gente lascada de espada
Rodar, tombar e cair

Joãozinho se atracou
Na luta com Beradão,
Montados nos seus cavalos
Cada um mais valentão,
As espadas clareavam
Como relâmpago e trovão

Joãozinho dizia a ele:
Se prepare pra morrer,
Ou então ser prisioneiro
Para vida não perder,
Pois do contrário hoje aqui
Urubu vai te comer

O Beradão respondia:
Você está enganado,
Vou levar tua cabeça
Dentro dum saco amarrado
Ou então levarei vivo
Com cada braço algemado

Os guerreiros de Joãozinho
Já estavam fracassando,
Estavam todos cansados
Muitos até recuando,
E todos seus inimigos
Cada vez mais avançando

Mas o rei Acaba-Mundo
Quando seu filho saiu,
Nomeou um vice-rei
E seu povo reuniu,
Com um grande batalhão
Para a fronteira partiu

Quando Joãozinho na luta
Estava pra se entregar,
Porque estava cansado
Não podia mais lutar,
Quando menos esperava
Foi vendo seu pai chegar

Quando o rei Acaba-Mundo
Chegou nessa ocasião,
Meteu a espada por conta
Matando gente em porção,
Só via gente gritar
E se embolar pelo chão

Aquele rei Beradão
Que lutava com o rapaz,
Mais bravo do que um leão
Ou uma serpente voraz,
Saiu doido na carreira
E Joãozinho correu atrás

Mas o rei Acaba-Mundo
No momento pressentiu,
O rei Beradão correr
Nessa hora o perseguiu,
Esporeou seu cavalo
Que a todo pano partiu

Em carreira desfilada
Que a poeira voou,
Com dez minutos somente
Acaba-Mundo encostou,
Deu um pulo em Beradão
Ambos no chão se enrolou

Deu um soco tão danado
Que ele foi desmaiando,
Acaba-Mundo na hora
A ele foi algemando,
Você vai para a cadeia
A ele foi avisando

Com a prisão do monarca
Os guerreiros se entregaram,
O povo de Acaba-Mundo
A todos logo algemaram,
Procuraram Joãozinho
Porém ele não acharam

Joãozinho correu atrás
Quando Beradão correu,
Seu cavalo num buraco
Caiu, desapareceu,
Joãozinho saltou fora
Por isso nada sofreu

Ele aí seguiu de pés
Sem saber pra onde ia,
Entrou numa mata escura
Que quase nada ele via,
Quanto mais ele andava
Ainda mais se perdia

Até que chegou a noite
Em alta árvore subiu,
Por causa das brutas feras
Que em toda mata rugiu,
Quando o dia amanheceu
Sua viagem seguiu

Muito adiante ele andando
Viu um buraco no chão,
Uma gruta muito linda
De chamar mesmo atenção,
O príncipe tentou entrar
Com sua espada na mão

Quando ele foi entrando
Viu escrito assim de lado:
"É proibido o ingresso
Não se faça rebelado"
Senão perderá o pescoço
Em um cutelo afiado

O príncipe disse consigo:
Qual será este mistério?
Que desafia os chegantes
Com este escrito funéreo?
Quero ver o imperador
Que manda todo este império

Pois aqui neste momento
Nesta gruta eu vou entrar,
O que vier contra mim
Vai ter luta de lascar,
Porque com a minha espada
Não prometo pra faltar

E entrou de gruta adentro
Quando saiu num salão,
Todo bem iluminado
Com tão bonito clarão,
Ouviu uma voz dizer:
Irá morrer seu ladrão

Apareceu um gigante
Muito alto e muito moço,
Os braços com metro e meio
Meio metro de pescoço
Parecia até ser filho
Do gigante Quebra-Osso

E disse ao príncipe Joãozinho:
Você é um desaforado,
Como entraste neste Reino
Sem por ninguém ser chamado?
No gume de minha espada
Agora vai ser degolado

O príncipe disse: gigante,
Não conheço covardia,
Eu não temo a sua altura
Nem também sua valentia,
Minha espada nesse instante
Te manda pra terra fria

O gigante aí partiu
Como uma fera assanhada,
Para o príncipe Joãozinho
E deu uma cutelada,
Mas ele se defendeu
Com sua possante espada

Deu um golpe no gigante
O gigante rebateu,
Deu outro igual no rapaz
A mesma coisa se deu,
O prícipe disse: gigante
Tu saberás quem sou eu

Disse o gigante: tu és
Elemento deletério,
Que invadiu nosso Reino
Vindo de outro hemisfério,
Porém hoje vai morar
Na cova no cemitério

O príncipe disse: gigante
Você está enganado,
Porque vai se arrepender
De ter me desafiado,
Porque de hoje em diante
Teu nome será finado

Disse o gigante: a você
Vou mostrar como é que é
Você pra mim é um siri
Na vazante da maré
Vou te lascar da cabeça
Até no dedão do pé

Esta toda sua altura,
Assim falou Joãozinho,
É coisa sem importância
Igualmente a um cachorrinho,
Vou te lascar da cabeça
Até no dedo mindinho

Aí meteram as espadas
Cada um mais que zangado,
Só via espada tinir
Faísca pra todo lado,
Um era cerrado fogo
O outro fogo cerrado

O gigante dava golpes
Joãozinho se desviava,
Dava golpes no gigante
Porém ele se livrava,
Descia a espada no príncipe
A mesma coisa se dava

Vai espada e vem espada
A luta continuou,
Mas nesse meio o gigante
Um pouco se atrapalhou,
A espada de Joãozinho
No peito dele acertou

Caiu o gigante morto
Duma vez rolou no chão,
O príncipe muito cansado
Sentou-se sobre um caixão,
Um anão apareceu
Com uma espada na mão

E disse: príncipe insolente
Você matou o gigante,
Porém vai morrer também
Na minha espada brilhante,
Pra saber que neste Reino
Tem guerreiro interessante

O príncipe disse: menino
Vai procurar o que fazer,
Vou dar-lhe de cinturão
Se pegar me aborrecer,
Pra discutir com menino
Não tenho tempo a perder

O anão desafiou
Ao príncipe de tal maneira,
Que ele perdeu a calma
E disse por brincadeira:
Vou lhe tomar esta espada
Que logo acaba a coceira

Naquele instante marchou
Para cima do anão,
O anão meteu a espada
Sem pena, sem compaixão,
Ele rebatia os golpes
Rodando como pião

O príncipe descia a espada
O anão se defendia,
Batia a espada no príncipe
Mas acertar não podia,
Que ele saltava fora
O anão tudo perdia

Dizia o príncipe ao anão:
Vou abrir sua cabeça,
O anão dizia: príncipe
É melhor que se esmoreça
Se renda logo à prisão
Fique calmo e não se cresça

O príncipe descia a espada
Para abrir de meio a meio,
O anão se defendia
Daquele golpe tão feio,
O príncipe muito cansado
Sentia grande aperreio

Até que uma certa hora
O anão se atrapalhou,
E a espada do príncipe
Pegou na dele e quebrou,
O príncipe disse: é agora
Que vai saber quem eu sou

Foi levantando a espada
Pra o anão ser degolado,
Disse ele: não me mate
Que serei o teu criado,
Pois me venceste na luta
Sou por ti escravizado

O moço disse: pois bem
Eu a ti não vou matar,
Mas você tem que fazer
Um tudo que mandar,
O anão disse: pois não,
O senhor pode ordenar

Primeiro quero almoçar
Que estou pra morrer de fome,
Traga arroz, carne e farinha
E muito cuidado tome,
Se demorar mais um pouco
A precisão me consome

O anão a toda pressa
Lá para cozinha entrou,
Com um almoço bacana
No mesmo instante chegou,
Pôs na mesa e Joãozinho
Comeu até se fartou

Quando acabou de almoçar
Perguntou logo ao anão:
Como se chama este reino?
Dá-me uma explicação,
Porque tudo é diferente
De minha bela nação

Disse o anão: há três séculos
Que este reino é encantado,
Por uma fada maldita
Do coração transviado,
O rei, rainha e princesa
Tudo está petrificado

Você lutou e venceu
Aquele monstro gigante,
E depois lutou comigo
Por fim saiu triunfante,
Só falta agora o dragão
Que é mais horripilante

Se lutar com o dragão
E por acaso o matar,
Aparando o sangue dele
Nas três estátuas jogar,
Verá o rei e a rainha
Na hora desencantar

Em três estátuas de pedra
Eles foram encantados,
E todos os habitantes
Foram em pedra transformados,
Já fazem trezentos anos
Que estão petrificados

Se por acaso o senhor
Matar o monstro dragão,
Tirar o sangue e jogar
Nas estátuas com atenção,
Desencanta todo reino
Nessa mesma ocasião

É bom prestar atenção
E também se preparar,
Que faltam cinco minutos
Para o dragão se acordar,
Pois ele estava dormindo
Não viu o senhor entrar

O príncipe disse: eu agora
Já não estou mais à toa,
Vou lutar pela rainha,
Pelo rei, pela coroa,
Vou matar este dragão,
Não deixo nem a dragoa

Quando ele disse assim
Veio um forte pé de vento,
O anão se escondeu
Naquele mesmo momento,
O dragão apareceu
Veloz como o pensamento

Ele aí puxou a espada
E ao dragão enfrentou,
Deu um golpe desmedido
Mas o dragão se livrou,
Com a boca escancarada
Para o rapaz avançou

O príncipe bateu a espada
Para abrir de lado a lado,
O dragão se defendeu
Foi todo plano baldado,
Repetiu um outro golpe
Porém não foi acertado

O dragão de novamente
Avançou para o rapaz,
Com uma fúria tremenda
Parecendo o satanás,
O príncipe nunca encontrou
Uma fera tão voraz

Ele aí saltou de lado
E sua espada acertou,
Na cabeça do dragão
Que fogo longe voou,
Clareou todo salão
Mas a espada não cortou

O príncipe aí se lembrou
E gritou para o anão:
Se você é meu escravo
Me ajude nesta aflição,
Agarre aí e segure
No rabo deste dragão

O anão nesse momento
Assim que o príncipe gritou,
No rabo da fera bruta
Ele depressa agarrou,
O príncipe com sua espada
Nessa hora aproveitou

Batia a espada na fera
Lasca de fogo voava,
Como quem bate num aço
A espada não cortava,
Mas o anão o ensinou
Como era que o matava

Meta a espada de ponta
Na boca deste dragão,
Ele terá que morrer
Gritou assim o anão,
O príncipe meteu a espada
O monstro rolou no chão

A fera caiu morrendo
Ele foi se descansar,
E ordenou ao anão
Pra todo sangue aparar,
Porque precisava o reino
Dessa vez desencantar

O anão numa bacia
Aquele sangue aparou,
Entregou depois ao príncipe
Que logo se preparou,
Aonde estava as estátuas
O anão logo mostrou

O príncipe com o anão
Para lá foram andando,
As três estátuas de pedra
O anão foi apontando,
O príncipe jogou o sangue
Foram se desencantando

Ali toda aquela gruta
Se virou numa cidade,
A mais linda deste mundo
Com toda realidade,
O rei abraçou o príncipe
Na maior felicidade

O rei disse: caro príncipe
Eu estava em sofrimento,
Com todo este meu reino
Nos salvaste do tormento,
Como não posso pagar-te
Dou minha filha em casamento

Quando ele viu a princesa
Teve tão grande afeição,
Que por ela no momento
Sentiu tão grande paixão
Disse pra o rei: eu aceito
De todo meu coração

Ali a música dobrou
Com festa pra todo lado,
Dando viva àquele príncipe
O homem mais denodado,
Quem desencantou o rei
Com todo Reino encantado

O rei disse para o príncipe
Naquele mesmo momento:
Acho bom marcar o dia
Pra fazer o casamento,
O príncipe lhe respondeu
Como era o seu intento

Eu preciso ir em casa
O rapaz assim falou:
Porque meu pai e minha mão
Não sabem aonde eu estou,
Eles pensam que eu morri,
E o rei tudo aceitou

Nisto o grande sofrimento
Lá no reino de Nicar,
O rei João Acaba-Mundo
Estava pra se acabar,
Pensando que seu filhinho
Nunca mais ia voltar

Procuraram no local
Da guerra com Beradão,
Muito adiante encontraram
Grande buraco no chão,
Onde o cavalo caiu
Foi a maior confusão

Disseram: ele caiu
Com o cavalo e morreu,
Emendaram seis escadas
Um no buraco desceu,
Achou o cavalo morto
E João desapareceu

O rei João Acaba-Mundo
Mandou a cidade fechar,
Decretou três dias de luto
No Reino em todo lugar,
Por seu filho ir pra guerra
E jamais tornar voltar

Aquele rei Beradão
Rei João meteu na cadeia,
Um copo d'água e um pão
Era o almoço e a ceia,
Se Joãozinho não chegasse
Pra ele a coisa era feia

Quando completou um mês
Foram vendo um cavaleiro,
Em direção do palácio
Andando muito ligeiro,
Era Acaba-Mundo Filho
Aquele forte guerreiro

Vivia se lastimando
A rainha Guiomar,
A falta do seu filhinho
Que foi pra guerra lutar,
E lá desapareceu
Nunca mais pôde voltar

Ela estava na janela
Rezando por seu filhinho,
Deu vontade de olhar
Pra aquele longo caminho,
Quando olhou foi avistando
O seu filho Joãozinho

Ela aí chamou o rei
Ligeiramente mostrou,
O rei também conheceu
Bastante se alegrou,
Bem na porta do palácio
O seu cavalo riscou

Do seu cavalo apeou
Para no palácio entrar,
Já o rei e a rainha
Vieram lhe encontrar,
Levaram ele nos braços
Para a saudade matar

Chegando lá no salão
Ele contou a história,
De tudo que aconteceu
E guardou tudo em memória
Com as feras que lutou
E por fim teve a vitória

Daquele reino encantado,
Do anão que escravizou,
Da luta com o dragão
Que o anão ajudou,
E com o sangue do dragão
O reino desencantou

Aquela linda princesa
Que vivia em sofrimento,
E ele a desencantou
Ganhou ela em casamento,
E foi pra pedir seus pais
Se davam consentimento

O rei disse: eu quero ir lá
Ver esse reino encantado,
Que você desencantou
Por um poder tão sagrado,
Do Pai de Misericórdia
Que sempre estava a teu lado

Disse Joãozinho: nós iremos
Para o senhor poder ver,
Que reino maravilhoso
Que vivia a padecer,
Três séculos petrificado
Sem nada poder fazer

Ali a música soou
Nesse palácio real,
Começou a grande festa
Para todo pessoal,
Dando vivas aos poderes
Da Corte Celestial

Três dias festa rolou
No maior contentamento,
Soltaram o rei Beradão
Naquele mesmo momento,
Para ele assistir
O grande divertimento

Rei Acaba-Mundo disse
Ao rei José Beradão:
Seu mandato foi caçado
Há dias que longe vão,
O senhor não pode ser
Mais rei de sua nação

Já tem outro soberano
Reinando em seu lugar,
De acordo com a lei
Que eu a ele ordenar,
Está pagando tributo
A mim, o rei de Nicar

Beradão disse: está certo
A lei deve ser cumprida,
A culpa toda foi minha
Com esta triste investida,
Fui muito feliz ainda
Porque não perdi a vida

Beradão seguiu viagem
Para sua residência,
Sem ter mais direito a nada
No reinado ou presidência,
Ainda porque o rei João
Com ele usou de clemência

Joãozinho disse: meu pai
Agora vou avisar,
Ao rei, meu futuro sogro
Que chama-se Eliomar,
Pra me esperar com o senhor
E a minha mãe Guiomar

Soltou um pombo-correio
Levando um lindo cartão,
O pombinho bateu asas
Nessa mesma direção,
Foi pousar no ombro esquerdo
Do rei daquela Nação

Quando ele tirou o cartão
O pombo logo voltou,
Porém pousou na janela
Pela resposta esperou,
O rei escreveu a resposta
E no pé dele amarrou

Lá no reino de Nicar
O pombo trouxe o cartão,
Dando suas boas-vindas
À família do rei João,
Que aguardava a visita
Com toda satisfação

Quando foi no dia seguinte
Pegaram uma carruagem,
Joãozinho, o rei e a rainha
E um criado com a bagagem,
Seguiram diretamente
Admirando a paisagem

As flores tão perfumadas
Que a rainha assim dizia:
Olhe Joãozinho, que delícia
Naquela relva macia,
Joãozinho tirava as flores
E a ela oferecia

Até que enfim chegaram
Lá no ex-reino encantado,
Que Joãozinho desencantou
Estava todo enfeitado,
O povo todo em fila
Tudo bem organizado

Naquela corte real
Fazia gosto se ver,
Banda de música tocando
Naquele maior prazer,
Toda família real
Pronta para os receber

O rei, a rainha e a princesa
Foram logo os encontrar,
Numa bela carruagem
De fazer admirar,
Se encontrou o rei João
Com o rei Eliomar

A princesa Marilene
Com Joãozinho abraçou,
Ele apresentou seu pai
Ela com ele falou,
E também a sua mãe
Ela a sua mão beijou

E o rei Eliomar
Abraçou o rei João,
Na rainha Guiomar
Deu um aperto de mão,
E seguiram pra o palácio
Na maior satisfação

Chegando lá no palácio
Depois de um banho tomar,
Sentaram todos na mesa
Foram todos almoçar,
E depois que almoçaram
Começaram a palestrar

Então rei Eliomar
A sua história contou,
Com trinta anos de idade
Seu pai morreu e deixou
A coroa para ele
E todo povo aceitou

Com dez anos de reinado
Uma fada feiticeira,
Por inveja ou ambição
Ou outra qualquer asneira,
Transformou o reino em pedra
Desta tão brutal maneira

Botou ali um gigante
Que o homem que entrava,
O gigante com uma espada
Nesse momento o atacava,
Ninguém podia passar
Porque o gigante matava

A espada do gigante
Dum tamanho demasiado,
O guerreiro que lutasse
Com o gigante malvado,
Mudava logo seu nome
Para se chamar finado

E quem vencesse o gigante
Ainda tinha o anão,
Que aparecia na frente
Com sua espada na mão,
Brigava mais que o gigante
Tinha mais disposição

E se vencesse o anão
Um dragão aparecia,
Que era a fada maldita
Que estava ali de vigia,
Achava que neste mundo
Homem nenhum os mataria

Pra desencantar o reino
Era preciso matar,
Esse dragão horroroso
E o sangue todo aparar,
Jogar em nós como estátuas
Pra o reino desencantar

Este príncipe corajoso
Lutou com o monstro gigante
Na espada peito a peito
Sem fracassar um instante,
Terminou matando ele
Como um guerreiro galante

Apareceu o anão
Ele meteu a espada
Faísca longe voava
Numa batalha travada,
A espada do anão
Com pouco mais foi quebrada

Logo o anão conheceu
Que este príncipe era bravo,
Se fosse lutar com ele
Teria mais um agravo,
Por isso logo rendeu-se
Ficou sendo seu escravo

Apareceu o dragão
Que era a fada assanhada,
Ele não esmoreceu
Aí meteu a espada,
Faísca voava longe
Mas perdia a cutelada

Depois de muito lutar
Ele lembrou do anão,
E gritou: vem meu escravo
Com toda disposição,
Agarrar com toda força
No rabo deste dragão

E no rabo do dragão
O anão logo agarrou,
Ele aí meteu a espada
E o anão ensinou
Onde era que furava
Ele a espada cravou

Assim que a espada furou
O sangue foi esguichando,
O anão numa bacia
Ligeiro foi aparando,
Jogou em nós no momento
Nós fomos desencantando

É este o motivo justo
Por não ter com que pagar,
Ofereci minha filha
Para com ela casar,
Conforme se os seus pais
O casamento aceitar

O rei João Acaba-Mundo
Disse: por mim é aceito,
A rainha Guiomar
Achou que estava direito,
Com o bem se paga o bem
É um ditado perfeito

Ali arrumaram tudo
Com calma e meditação,
Prepararam um banquete
Com alta recepção,
No outro dia chamaram
O juiz e o escrivão

E também chamaram o padre
Naquele mesmo momento,
Pois as palavras de Deus
Nos dão mais contentamento,
Perante a Deus e os homens
Celebraram o casamento

Começou a grande festa
Quando os noivos se casaram,
Em toda parte do Reino
Os festejos começaram,
Quinze dias sem parar
Todos os povos dançaram

Bebidas de todo jeito
Rolavam molhando o chão,
Capão, galinha e peru
Ali tinha de montão
Nunca se viu uma festa
Como nessa ocasião

Terminados os festejos
O João assim falou:
Precisamos ir embora
Eliomar aceitou,
Uma bela carruagem
Aos noivos logo ofertou

Vai passar a lua-de-mel
Lá no seu reino querido,
Depois volte que meu reino
Aqui será dividido
Você governa a metade
Por ser homem destemido

Com seu pai e sua mãe
E a esposa viajaram,
Lá no reino de Nicar
Com poucos dias chegaram,
Foi outra festa pomposa
Que todos admiraram

Depois da lua-de-mel
Com o seu anjo adorado,
Joãozinho foi ao palácio
Do rei seu sogro estimado,
Foi governar a metade
Do seu ex-reino encantado

Marilene, a pricesinha
Foi viver muito feliz,
Seu esposo Joãozinho
Inda lembrava o juiz,
Lendo o edital do casório
Vendo o maior auditório
A sorte de ambos quis

Autor—Minelvino Francisco Silva
o trovador apóstolo

APARIÇAO DE N. SENHORA DAS DORES E A SANTA CRUZ DO MONTE SANTO

Aparição de Nossa Senhora das Dores e a Santa Cruz do Monte Santo

Nossa Senhora das Dores
Cobre-me com o vosso manto
São João Evangelista
Que na vida escreveu tanto
Inspirai meu pensamento
Para escrever no momento
Sobre a cruz do Monte Santo

Há muitos anos passados
Dizem os velhos moradores
Que apareceu numa pedra
Nossa Senhora das Dores
Quem ali ficasse olhando
Parecia estar chorando
Pelos filhos pecadores

No cume do alto monte
Apareceu uma cruz
Com uma toalha nos braços
Que se vê em plena luz
Toda alvinha sem ter malha
Só pode ser a toalha
Que embrulharam Jesus

Pegaram a imagem da santa
Colocaram no altar
De sua igreja matriz
Mas ela não quis ficar
Porque dali exalou
Depois o povo a encontrou
Na pedra no seu lugar

Outra vez pegaram a imagem
E trouxeram novamente
Ela tornou a voltar
Pra seu lugar pretendente
Precisou edificar
Uma igreja no lugar
Que apareceu certamente

E lá no pico do monte
Construíram outra capela
Onde tem a Santa Cruz
Com a toalha tão bela
Para todo penitente
Que tem fé no Onipotente
Ir fazer a visita a ela

São vinte e quatro capelas
Pra chegar na Santa Cruz
Pode ir mesmo de noite
Que em todo canto tem luz
Com bastante paciência
Todos fazem penitência
Em louvor ao Bom Jesus

Cinco mil metros de altura
Pra na capela chegar
Onde está a Santa Cruz
É mesmo de amargar
Quem não tiver muita fé
Pra subir o Monte a pé
Começa renunciar

A primeiro de novembro
Ninguém pode contar tanto
Carro grande e pequeno,
Romeiros de todo canto
Que vão fazer a visita
Mostrando que acredita
Nessa Cruz de Monte Santo

Quando chega em Monte Santo
Cada se sente feliz
O chofer do caminhão
Pra todo romeiro diz:
Podem se assegurar
Três vezes vamos passar
Arredor desta matriz

O carro passa três vezes
Na igreja arrodeando
Os romeiros lá em cima
Alegres todos cantando
Bendito da Santa Cruz
E o Coração de Jesus
Tudo ali glorificando

Assim que desce do carro
Com respeito e com cuidado
Entra logo na igreja
E se põe ajoelhado
Diante de são José
Bom Jesus de Nazaré
Nosso Senhor de lado

Depois destas orações
Que fazem aos pés de Jesus
Também de Nossa Senhora
E são José que a conduz
Pedindo a eles socorro
Depois vão subir o morro
Visitar a Santa Cruz

Vão subindo o Monte Santo
Com grande satisfação
Dando esmola aos penitentes
Que pedem por precisão
Com pandeiros, com violas
Pedindo suas esmolas
Pela Sagrada Paixão

Vão subindo, vão subindo
Que suor dá pra pingar
Na segunda capelinha
Entram ali pra visitar
Muitos sentindo cansaços
Avistam Senhor dos Passos
Que morreu pra nos salvar

Vão subindo novamente
Pela mesma estradazinha
Aqui, ali, acolá
Vão vendo uma capelinha
Na mesma tendo uma cruz
Chamando a todos pra luz
Naquela linda igrejinha

Vão subindo mais a mais
A Jesus dando louvores
Até chegar onde está
Nossa Senhora das Dores
Os romeiros ficam olhando
Parecendo estar chorando
Pelos filhos pecadores

Continuando a subir
Com paciência e coragem
Olhando de lá de cima
Avistam linda paisagem
A cidade é uma beleza
Parece que a natureza
Ali deixou sua imagem

Subindo mais um pouquinho
Pra Santa Cruz visitar
As pernas dão pra doer
A roupa dá pra molhar
O suor por todo canto
Se não tiver fé no santo
É obrigado a voltar

Até chegar na capela
Onde tem a Santa Cruz
Com uma toalha branca
Onde brilha clara luz
Mais duas cruzes dos lados
Que foram crucificados
Dois ladrões, com o Bom Jesus

Quem chega nesta capela
No pé da cruz logo avista
Senhora da Soledade
E são João Evangelista
Quando Jesus expirou
Antes a mãe o entregou
Sobre o seu ponto de vista

Tem a sala de milagres
De fazer admirar
Perna de pau e cabeça
Se vê em todo lugar
Todos olhando essas peças
Conhece que foi promessas
Que romeiro foi pagar

Foguete sobe no ar
O seu estouro produz
A fumaça no espaço
Cobrindo as serras azuis
Quem de longe está olhando
Diz: é os romeiros soltando
Dando viva a Santa Cruz

Enquanto isto tem outros
Fazendo sua oração
Lá no pé da Santa Cruz
Com seus joelhos no chão
Pedindo a Jesus que o sagre
Agradecendo o milagre
De todo seu coração

Santa Cruz do Monte Santo
Venho aqui agradecer
Os milagres de Jesus
Que por ti pude obter
Fiquei são do que sofria
Jesus e a Virgem Maria
Quiseram favorecer

Tu foste antes de Cristo
Uma tremenda prisão
Para todo malfeitor
O criminoso e ladrão
De acordo com o que li
Meu Jesus morreu em ti
Para minha salvação

Por isso tornou-se santa
Hoje é a Santa Cruz
Feliz daquele cristão
Que a ti sempre conduz
Fazendo sua penitência
Com calma e com paciência
Até os pés de Jesus

Santa Cruz do Monte Santo
Agora vou viajar
Jesus e Nossa Senhora
Queiram me abençoar
Defendei-me de um engano
Adeus até para o ano
Quando eu aqui voltar

Bendito da Santa Cruz do Monte Santo

(música de Bendita e Louvada Seja,
letra de Minelvino F. Silva)

Somos romeiros de Cristo
A fé sempre nos conduz
Vamos para Monte Santo
Visitar a Santa Cruz

Cinco mil metros de altura
Já perto dos céus azuis
Significa o Calvário
Onde morreu Bom Jesus

Tem vinte e cinco capelas
Todas se vê clara luz
Na última todos romeiros
Visitam a Santa Cruz

Senhora da Soledade
São João que a conduz
Cada um está chorando
Ao lado da Santa Cruz

Retrato, perna e cabeça
De pau se vê bem na luz
Aquilo tudo é promessa
Que fazem à Santa Cruz

Os foguetes no espaço
Os seus estrondos produz
Soltados pelos romeiros
Em louvor a Santa Cruz

Autor: Minelvino Francisco Silva
"o trovador apóstolo"

A MARRETA DA MORTE É TÃO PESAD
QUE A PEDREIRA DA VIDA NÃO
AGUEN

A marreta da morte é tão pesada que a pedreira da vida não agüenta

Essa morte é cruel sem coração
Porque rouba a alegria e nossa paz,
Só a negra tristeza ela traz
Por matar nosso amigo, ou nosso irmão
Desde a morte de nosso pai Adão
Que tornou-se malvada e tão sangrenta
Sua marreta é tão sanguinolenta!
Faz a gente dizer desesperada:
A marreta da morte é tão pesada
Que a pedreira da vida não agüenta.

Matou nosso profeta Jeremias,
Matou nosso profeta Ezequiel,
Matou nosso profeta Daniel,
Matou nosso profeta Zacarias,
Até mesmo o profeta Malaquias
Que levara uma vida santa e lenta
Pela grande marreta violenta
Cada um teve a nuca esfacelada,
A marreta da morte é tão pesada
Que a pedreira da vida não agüenta.

Matou nosso querido Abraão
Com seus filhos: Isac e Jacó
Também Sara com seu sobrinho Ló
E matou rei Davi e Salomão
Com Moisés, Josué e com Arão.
A malvada marreta bem atenta
Cada vez mais a mais a morte aumenta
Contra nós sua grande marretada.
A marreta da morte é tão pesada
Que a pedreira da vida não agüenta

Matou nosso profeta Eliseu,
Matou nosso profeta João Batista,
Matou nosso João Evangelista,
Matou nosso Jesus, o galileu,
Só Elias e Eno não morreu
Como alguém que da terra se ausenta
Ou por outra no céu se aposenta
Deus livrou desta hora tão minguada,
A marreta da morte é tão pesada
Que a pedreira da vida não agüenta

Matou nosso são Pedro e são Tomé,
Matou nosso Tiago e são Matias,
Matou santa Isabel e Zacarias,
Matou nosso são Paulo e Barnabé,
Matou Nossa Senhora e são José
Pois pessoa nenhuma fica isenta
De cair na marreta violenta,
Que não pode aqui ficar parada.
A marreta da morte é tão pesada
Que a pedreira da vida não agüenta

Matou nosso querido são Mateus,
Matou Lázaro com Marta e Maria,
Matou santa Verônica que era a guia
De Jesus que falava aos fariseus,
Ensinando no templo a lei de Deus
Para que todo mal se afugenta,
Como é que as ovelhas se apascenta
Pra nenhuma depois ser desgarrada
A marreta da morta é tão pesada
Que a pedreira da vida não agüenta

Nossos papas de nossa santa Igreja
Cada um duma vez ela matou:
Pio XI, Pio XII, ela os levou,
Prosseguindo assim nesta peleja
Com a gente ainda ela graceja
Demonstrando que é nossa parenta
Pois conhece o lugar que tem a venta
Diz assim e dá uma gargalhada.
A marreta da morte é tão pesada
Que a pedreira da vida não agüenta

Matou o nosso João Paulo Primeiro,
Matou nosso querido Paulo Seis,
Antes disso matou João Vinte e Três,
Com os papas já fez um grande aceiro,
No assunto de papa estrangeiro
Cuja morte matou mais de noventa
No momento que ela se apresenta
Já a cova está bem preparada,
A marreta da morte é tão pesada
Que a pedreira da vida não agüenta

A chegada da morte no Brasil
Foi de fato um clamor, um caso sério
Mandou tanta pessoa pro cemitério
Que num instante matou pra mais de mil
Da marinha, aeronáutica e civil
Uma hora de vida não aumenta,
E a morte com sua ferramenta
Chega logo com a cara enfarruscada
A marreta da morte é tão pesada
Que a pedreira da vida não agüenta

Matou o nosso dom Pedro Segundo
Matou o nosso dom Pedro Primeiro
Não valeu nada mais o seu dinheiro
Ao sentir esse golpe tão profundo,
Dom João Sexto foi para o outro mundo
Deixou logo esta terra tão nojenta
A princesa Isabel, sua parenta
Também fez a viagem empacotada,
A marreta da morte é tão pesada
Que a pedreira da vida não agüenta

Presidente Prudente de Moraes,
Com Caxias, Seabra e Floriano,
Pra lutar cada um mais veterano,
Discutiam o saber de mais a mais,
Mas a morte calada veio por trás
Da maneira que sempre se apresenta
Com uma força que tudo se arrebenta
Mandou eles pra cova já cavada,
A marreta da morte é tão pesada
Que a pedreira da vida não agüenta

Foi Getúlio, foi Jango e Juscelino
Residirem na terra da verdade,
Pois a morte chegou com brevidade
Cada um fez cumprir o seu destino:
Seja grande com ela, ou pequenino
Ela pega e segura pela venta
Com dez dias, com trinta ou quarenta
Ela mete a marreta na queixada
A marreta da morte é tão pesada
Que a pedreira da vida não agüenta

Marechal Costa e Silva, com Castelo
Cada um foi viver na outra vida,
Pois a morte ordenou essa partida
Sem protesto, sem choro e sem duelo
Seja preto, moreno, ou amarelo,
Pode ser sua cor até cinzenta
O guerreiro mais forte ela enfrenta
Sua vida ela leva empacotada
A marreta da morte é tão pesada
Que a pedreira da vida não agüenta

O poeta Bocage, o português,
Seu colega Camões da mesma terra
Descreveram planície, morro e serra
Até quando chegou a sua vez,
Que a morte chegou com rapidez
No seu carro puxando uns oitenta
Foi dizendo ao poeta: se acalenta
Que poesia não vai escrever mais nada
A marreta da morte é tão pesada
Que a pedreira da vida não agüenta

Leandro Gomes de Barros, trovador
Que fazia livretos de cordel
Trabalhava direto com o papel
E com isso mostrava o seu valor
Porque era de fato um bom autor,
Mas a morte por ser sanguinolenta
Já olhava pra ele bem atenta
Disse: eu vou mostrar a este camarada
Que a marreta da morte é tão pesada
Que a pedreira da vida não agüenta

João Martins de Athayde que comprou
O direito à viúva de Leandro,
Pra fazer os livrinhos como Nicandro
Melhorando de quando começou
Mas a morte também o atrapalhou
Que calada chegou meteu a venta
Nessa hora tão negra e tão sangrenta
Levou ele pra cova em disparada
A marreta da morte é tão pesada
Que a pedreira da vida não agüenta

Zé Bernardo comprou os seus direitos
Começou os seus livros editar
Para todo Brasil a espalhar
Os seus livros impressos tão bem feitos
Igualmente Athayde, tão perfeitos,
Mas também a idade sua aumenta
E a morte também se apresenta
Trouxe logo pra ele a embaixada,
A marreta da morte é tão pesada
Que a pedreira da vida não agüenta

Diz João, conhecido Evangelista
Que a morte no fim irá morrer
Em um lago de fogo derreter
Para todo cristão levar de vista,
A marreta se queima e sai da lista,
O Satã nunca mais aqui atenta
Que um anjo o amarra pela venta
E a morte será desbaratada,
Acabou-se a marreta tão pesada
Que a pedreira da vida não agüenta

Autor: Minelvino Francisco Silva
"o trovador apóstolo"

LIBERTAÇÃO DOS REFÉNS AMERICANOS DO CATIVEIRO DO IRAN

Libertação dos reféns americanos do cativeiro do Irã

Quero agora agradecer
À Santíssima Trindade
Por esta grande vitória!
Ou grande felicidade,
Que os reféns americanos
Já estão em liberdade

Pois o povo iraniano
Botou mesmo pra valer,
Fez tudo pra ver o mundo
Em guerra se derreter.
Mas nosso Pai Soberano
Veio a todos defender

América do Norte é
Forte pra mais do contrato,
O Irã é pequenino,
Num caso de desacato
América pode matá-lo
Como mata um carrapato

O Reza Pahlevy foi
Do Irã o presidente,
E foi pra América do Norte
Porque estava doente
E todo Irã contra ele
Ficou igual a serpente

Pois o xá Reza Pahlevy
Quando estava a governar,
Dizem que todo dinheiro
Ele se pôs a roubar
E num banco americano
Começou depositar

E por isso eles queriam
Naquele mesmo momento
Que América mandasse o xá
Pra esse acontecimento:
Ser julgado no Irã
E depois fuzilamento

Todos os americanos
Isso aí não aceitaram,
A embaixada americana
Lá no Irã atacaram
Todos os seus ocupantes
Que estavam lá agarraram

Foi 52 reféns
Que o Irã fez nesse dia,
E o aiatolá Komeini
Mostrava grande alegria
Mandava-os segurar
Com a maior tirania

E o xá Reza Pahlevy
Com o seu mal esquisito
Deixou América do Norte
Pois estava muito aflito
Andou por muitos lugares
E foi morrer no Egito

Todo povo iraniano
Querendo ser muito forte
Faziam boneco e queimavam
Numa anarquia de morte
Dizendo ser o presidente
De lá da América do Norte

Então presidente Carter
Por ter um bom ideal
Não quis declarar uma guerra
Contra esse pessoal
Porque logo vinha a Rússia
E era guerra mundial

Chamou ali os seus técnicos
Fez uma reunião,
Pra os 52 reféns
Dar logo libertação,
Com a "Operação Resgate"
De chamar mesmo atenção

Isto com muito segredo
Um tudo ali planejou
E lá no deserto um campo
Do pouso, logo aprontou
Na hora da operação
O seu plano fracassou

Porque logo um avião
Bateu com outro no ar
Foi logo pegando fogo
Viram as chamas se alastrar
Morreram oito queimados
Viu tudo se atrapalhar

Quando o povo do Irã
Souberam dessa emboscada
Pra libertar os reféns
E tinha virado em nada,
Deram graça a Maomé
E caíram na gargalhada

Com a grande tentativa
Que toda América falhava,
Todo povo iraniano
Cada vez dela zombava
E os 52 reféns
Ainda mais judiava

Até que no ano 80
Realizou-se a eleição,
Foi eleito Ronald Reagan
Pra toda aquela Nação,
E o presidente Carter
Fez outra imaginação

Com o governo iraniano
Resolveu negociar
Com o auxílio de amigos
Para os reféns libertar
Porque o governo a outro
Ele tinha que entregar

Por fim os iranianos
Aceitaram oito bilhões
De dólar tudo legal
Pra acabar as confusões
Depositados no banco,
Foram essas condições

A 21 de janeiro
O novo governo eleito
Tomou posse do governo
Já todo bem satisfeito
E disse: eu quero fazer
O meu trabalho é bem feito

Mandou o ex-presidente
Pra Alemanha viajar,
Os reféns americanos
Ir em seu nome encontrar,
Pois eles do cativeiro
Deviam se libertar

O ex-presidente Carter
Dali então viajou,
Chegando na Alemanha
Com os reféns encontrou
Teve tão grande alegria
Que de contente chorou

Abraçou a todos eles
Mostrando-se prazenteiro,
Algum um pouco abatido
Por estar prisioneiro
Nas negras celas do Irã
No maldito cativeiro

Seguiram de avião
Pra sua terra natal,
Chegando lá foram logo
Direto para o hospital
Recuperar a saúde
Dessa tragédia brutal

Foram logo interrogados
Assim por esta maneira:
O que sofreu no Irã
Naquela terra estrangeira?
Disse um: fui amarrado
Sentado numa cadeira

E passei catorze dias
Nessa cadeira amarrado,
Outro disse: de festim
Com tiros fui alvejado,
Outro disse: um mês inteiro
Dormi num salão gelado

Assim cada um contou
Ali o seu sofrimento
Que sofreu lá no Irã
Naquele triste momento,
Mas agora já estão livres
Do grande padecimento

Os parentes dos reféns
Deram mil graças a Deus
Por rever ainda vivos
Todos os parentes seus
Pois estavam escravizados
"Na capital dos ateus"

Com a posse do governo
E com a libertação
De todos esses reféns
Foi grande a satisfação
Que toda América do Norte
Vibrava de emoção

A mais profunda tristeza
Se acabou naquele dia,
Para o povo americano
Acabou toda agonia,
Porque de fato a tristeza
Transformou-se em alegria

Por esse acontecimento
Grande festa começou,
Os instrumentos tocando
E todo povo dançou
Três dias em Nova Iorque
Aquela festa durou

Ao ex-presidente Carter
Homem de grande valor,
Segue aqui um forte abraço
Deste humilde trovador,
Por sofrer tanto trambique
Mas não pôs o mundo a pique
Numa guerra de horror

O encontro de Joaquim Pistoleiro com Manoel Quebra Costela

Existiu em Vila Rica
Estado de Minas Gerais
Um homem forte e valente
Pior do que Satanás
Sangrava gente sorrindo
Como quem sangra animais

O nome desse voraz
Era Joaquim Pistoleiro
Que do estado de Minas
Até no Rio de Janeiro
Matava gente sangrada
Como quem mata carneiro

Esse grande desordeiro
Na festa que ele chegava
Todos os homens dali
Ele um no outro amarrava
Todas as moças bonitas
Pra casa dele levava

Ninguém ali reclamava
O que o monstro fazia
Porque se alguém reclamasse
Sem ter apelo morria
Porque o bruto matava
Ainda o sangue bebia

Quando foi um certo dia
Ele foi num cabaré
Dum sargento aposentado
Que se chamava José
Dizendo: eu vou beber sangue
Como quem bebe café

Chegou lá o cabaré
Estava um pouco animado
Todo povo ali dançando
Bastante entusiasmado
As mulheres requebrando
Num remelexo danado

Joaquim soltou um brado
Que derrubou uma gaiola
Tinha um violeiro tocando
Explodiu logo a viola
Uma mulher foi correr
Quebrou o cordão da sacola

Veloz igual uma bola
Quando atiram no goleiro
O monstro entrou no salão
Como um leão carniceiro
Disparou o seu revólver
Derrubou o sanfoneiro

Gritou o sargento ligeiro:
Joaquim se renda à prisão
Disse ele: que besteira
Que sargento bobalhão
Conheça que meu revólver
Chama-se acaba questão

Nessa mesma ocasião
Sua arma disparou
Mas o sargento ligeiro
Da bala se desviou
Puxou também seu revólver
E a luta se travou

Nessa hora o pau quebrou
Tiro vai e tiro vem
Se via bala tinir
Garrafa virar xerém
Gritava o sargento velho
Inda sou homem também

Dizia o monstro, porém
Me vencerá se puder
Porque eu estando armado
Enfrento até Lúcifer
Se aqui queres ser homem
Te deixo como mulher

O povo do cabaré
Saiu correndo assombrado
Montando em cima de carro
Caindo por todo lado
Homem logo enchia a calça
Correndo desesperado

Era um serviço danado
Naquele turum-tum-tum
Gritando; chega polícia
que aqui mataram um
Mulher perdia a cueca
Saía correndo engijum

Naquele grande zum-zum
Só via bala zoando
Só via tiro sair
Garrafa despedaçando
De vez em quando se via
Caco de telha voando

Nessa hora foi chegando
Dez soldados bem armados
E deram voz de prisão
Todos bastante zangados
Se renda cabra da peste
Gritaram muito alarmados

Com os fuzis manobrados
Ficaram de prontidão
O Joaquim Pistoleiro
Demonstrando sua ação
Deu um tiro nos soldados
Derrubou quatro no chão

Nessa mesma ocasião
A polícia disparava
As armas no Pistoleiro
Mas quando a bala acertava
Tinia igual a um sino
Porém no couro estanhava

Bala batia e amassava
E caía ali sobre o chão
Nessa hora o Pistoleiro,
Acabou-se a munição
Puxou pelo seu punhal
E disse nesta razão:

Segurem as armas na mão
Porque eu vou começar
Vou entrar na brincadeira
Vou direitinho vadiar
Um pouco no ferro frio
Pra vocês apreciar

Foi com os soldados topar
Igual um tigre ou leão
Veloz igual um corisco
Se embolou pelo chão
Manejando o seu punhal
Sem pena, sem compaixão

Só via a grande aflição
Só via gente gritar
Só via sangue correr
Só via soldado tombar
Só via bala zoando
Por todo canto a encruzar

Não suportando o azar
Os soldados desabaram
Saíram doidos correndo
As armas todas largaram
O medo foi tão danado
Que até as calças molharam

Quando o quartel alcançaram
Falaram com o capitão
Que Joaquim Pistoleiro
Tinha pacto com o cão
Que as balas pegavam nele
Ele nem dava atenção

Seguro a calça na mão
Falou assim um soldado:
Capitão, aquele homem
Só parece endiabrado
Quem se meter a prendê-lo
Chama-se logo finado

Porque no tiro, o malvado
Toda vida é valoroso
No punhal já não se fala
Que sempre foi perigoso
No facão e na rasteira
É um leão furioso

O capitão bem medroso
Disse vamos nos livrar
Vamos buscar os cadáveres
Para mandar sepultar
E com este valentão
Vamos botar pra quietar

Depressa foram buscar
Aqueles pobres soldados
Que estavam mortos na praça
Sangue ali por todos lados
Seguiram pra o cemitério
Os dez caixões de finados

Todos ficaram assombrados
Com Joaquim Pistoleiro
Naquela localidade
Era o maior desordeiro
Todo dia matava gente
Como quem mata carneiro

Tinha outro cangaceiro
Lá no sertão de Goiás
Que nunca encontrou valente
Para não correr atrás
Enfrentava peito a peito
Até mesmo o Satanás

Igual um tigre voraz
Ou mesmo um forte leão
Manoel Quebra Costela
Chamava-se ele então
No dia que se danava
Batia até no patrão

Roncava como um trovão
Quando ele estava zangado
Somente com uma careta
Matava homem assombrado
Pegava raio com a mão
Deixava o fogo apagado

Seria morto o soldado
Que desse voz de prisão
Manoel Quebra Costela
Saía-se bem na questão
Porque só com uma careta
Assombrava um batalhão

Tinha a força de Sansão
E destreza como bala
Quando dava um murro num
O cabra perdia a fala
E dizia conheça macho
Homem comigo se entala

Aquele na preta mala
Seguia pra o cemitério
Entrava no chão de costa
Antes ia ao necrotério
Manoel Quebra Costela
Era mesmo um caso sério

Elemento deletério
Esse grande desordeiro
Um dia contaram a ele
Que Joaquim Pistoleiro
Lá no estado de Minas
Era o maior cangaceiro

Batia em todo mineiro
Dava surra em sergipano
Insultava carioca
Surrava pernambucano
O Joaquim Pistoleiro
Era um homem desumano

Vou lhe tirar do engano
Disse assim Quebra Costela
Se ele é duro, eu sou duro
Nenhum dos dois se amarela
Dois duros não faz um muro
Que tudo se desmantela

Eu pegar pela goela
Do Pistoleiro valente
Dou-lhe um murro que quebra
Todos os dentes da frente
Para ele conhecer
Que eu também sou renitente

Se preveniu de repente
Com um revólver e um punhal
Uma boa cartucheira
Pra lutar com seu rival
Vamos ver desses dois homens
Quem tem bom material

Depois de tudo afinal
Seguiu ele de Goiás
À procura do valente
Terror de Minas Gerais
Dizendo: eu quero mostrar
Como é que um homem faz

Sabendo disso um rapaz
Mostrando ser companheiro
Correu a toda e avisou
A Joaquim Pistoleiro
Que vinha Quebra Costela
Feito um leão carniceiro

Ele é um cangaceiro
Lá do sertão de Goiás
Briga de catorze modas
Falou assim o rapaz
Mata cinqüenta soldados
Duma careta que faz

Pode ele ser o Satanás
Assim disse o Pistoleiro
Vou quebrar a venta dele
Com um só murro certeiro
Vou tomar todo armamento
Para não ser zombeteiro

Se ele é mesmo ligeiro
Eu preciso experimentar
Se ele é quebra costela
Comigo vai se enrascar
Porque a costela dele
Sou eu quem quero quebrar

Ele vem me procurar
Mostrando ser valentão
Eu negócio com briga
Sou comprador de questão
Se ele vem como um tigre
Me encontra como um leão

Seguindo de caminhão
Quebra Costela o valente
Para o estado de Minas
No seu sistema insolente
Procurando o Pistoleiro
Mais fera do que serpente

Com pouco chegou o valente
Em Vila Rica falada
Aonde Joaquim vivia
Tomando forte bicada
Desacatando a polícia
Igual a fera assanhada

Em uma tarde estiada
Joaquim estava sentado
No balcão duma bodega
Como era acostumado
Com pouco Quebra Costela
Chegou bastante vexado

Falou pra o dono da venda
Me responda cavalheiro
Se o senhor conhece aqui
O Joaquim Pistoleiro
Que eu quero experimentar
Se ele agüenta o meu tempeiro

Não respondeu o vendeiro
Porque Joaquim saltou
E bem na abertura dele
Joaquim logo agarrou
Quem você anda à procura
Agora mesmo encontrou

Quebra Costela assustou
Quase que ia desmaiando
Mas depois tornou a si
Foi ao outro assim falando
Você é duro eu sou duro
Não é como estás pensando:

Meu nome é Quebra Costela
Venho de lá de Goiás
Quem me traz é sua fama
Aqui em Minas Gerais
Para nós experimentar
Quem bota pedra no cais

Joaquim disse: rapaz
Você veio de longa estrada
Para tirar minha fama
A sua é quem vai tirada
Veio você quebrar costela
A sua é que vai quebrada

Bote aí uma bicada
Quebra Costela falou
O vendeiro meia garrafa
De cachaça despejou
Num copo grande que tinha
E no balcão colocou

Quebra Costela falou:
Tome agora esta bicada
Disse Joaquim: me respeite
Eu vou tomar isto nada
Eu tomo é conhaque bom
Ou então cerveja gelada

Disse o outro: camarada
Isto é coisa muito rara
Você não tomar cachaça
Só toma bebida cara
Ou você toma esta agora
Ou eu lhe jogo na cara

Esta balança não tara
Joaquim disse sisudo
Eu nunca encontrei valente
Pra não deixar doido ou mudo
Tu vais agora engolir
Cachaça com copo e tudo

Pegou o copo com tudo
Para o goiano marchou
Quebra Costela era destro
A sua arma puxou
E deu um tiro no copo
Que o pedaço voou

O mineiro se zangou
Naquela batalha exata
E disse para o goiano:
Macho não me desacata
Deu-lhe um tiro certeiro
Cortou o nó da gravata

Você quase que me mata
Falou o Quebra Costela
Mas também vou lhe provar
Que não sou cabra barrela
Tirou um botão da camisa
Sem ferir o nó da goela

Vou arrancar tua tramela
Falou assim Pistoleiro
Agora não estou brincando
Só vou dar tiro certeiro
Você é duro, eu sou duro
Vamos ver quem cai primeiro

O outro disse ligeiro:
Eu sou duro de roer
Se você não agüentar
Pode tratar de correr
Ou então se tem coragem
Se apronte para morrer

Só se via o pau gemer
Numa batalha travada
Bala ia e bala vinha
Fazendo grande zoada
Se um era cascavel
O outro cobra assanhada

Só se via a zoada
Na hora da explosão
Bala pegava em garrafa
Botava tudo no chão
O vendeiro há muito tempo
Estava no cansanção

Acabaram a munição
Cada puxou um punhal
Disse Joaquim Pistoleiro:
Vamos ver quem sai de mal
Respondeu Quebra Costela:
Vou provar que sou o tal

Travou-se a luta fatal
Sem ninguém ir apartar
Só via ferro tinir
E faísca clarear
O povo olhava de longe
Só via fogo voar

Agora vou lhe furar
O Pistoleiro dizia
Você fura se puder
O outro assim respondia
Quando um botava o punhal
Já o outro rebatia

O sangue ali já corria
De ambas partes iguais
Porque os homens lutavam
Igualmente uns infernais
O sangue ali gotejava
Nos bicos dos seus punhais

Vendo que estava demais
O duro Quebra Costela
Com dezoito punhaladas
Desde os pés até na güela
Pensou logo eu vou correr
Que a coisa se desmantela

Dali se fez na canela
Joaquim atrás correu
Mas pra pegar o goiano
O corpo dele tremeu
Dezessete punhaladas
Quebra Costela lhe deu

O Joaquim não morreu
Pra sua casa voltou
Tinha um seu parente médico
Que dele muito tratou
Com um sério tratamento
Até quando ele sarou

Quando ele melhorou
Mudou-se para o além
Pois ali em Vila Rica
Tinha matado mais de cem
Fez uma promessa a Deus
pra não matar mais ninguém

Quebra Costela também
Foi parar no hospital
Quando ele ficou são
Daquele terrível mal
Jogou dentro de um poço
O revólver e o punhal

Não teve mais ideal
De ser homem valentão
O resto de sua vida
Nunca mais tirou da mão
Uma Bíblia ou um Catecismo
Seguindo a religião

A Jesus pediu perdão
De tudo se arrependeu
Seguiu a religião
Porque a Deus conheceu
Rezando e se confessando
Até o dia que morreu

O criador escreveu
Para ninguém se enganar
Os seus santos mandamentos
Pra quem quiser se salvar
Amar a Deus e o próximo
Não furtar e nem matar

Agora vou terminar
O meu livrinho fagueiro
Cada um compre um folheto
Pra ajudar um brasileiro
Quem não comprar cai no soco
De Joaquim Pistoleiro

Autor Minelvino Francisco Silva

O RESULTADO DA MULHER FALSA AO MARIDO

O resultado da mulher falsa ao marido

Existe um velho ditado
Desde dom Pedro Segundo
Dos nossos antepassados
Desde o simples ao profundo
Que todo malfeito é
Da conta de todo mundo

Firmado neste provérbio
Agora estou resolvido
Aconselhar todo homem
Que é descompreendido
E ainda muito mais
A mulher falsa ao marido

Quantos filhos neste mundo
Que estão na orfandade
Quantos homens na prisão
Sem direito a liberdade
A mulher falsa ao marido
Fez toda infelicidade

Quantos filhos neste mundo
Na mais triste escuridão
Nas garras da ignorância
Sem a luz da educação
A mulher falsa ao marido
Fez toda condenação

Tanto homem neste mundo
Vive como desvalido
perdeu casa, perdeu roça
E todo bem possuído
Sendo esta toda culpa
Da mulher falsa ao marido

Tanta vida neste mundo
Barbaramente acabada
No projétil de um revólver
Horrivelmente estragada
A mulher falsa ao marido
Sendo de tudo culpada

É uma fera monstruosa
É um tigre enfurecido
É uma bruta serpente
É um leão destemido
É um Satanás de carne
A mulher falsa ao marido

É uma falsa companheira
É um coração de bandido
É uma falsa bandeira
É um ente pervertido
É uma infelicidade
A mulher falsa ao marido

Conheci em Itabuna
Um amigo de verdade
A mulher falsa ao marido
Fez a maior falsidade
Foi se acabar em Brasília
Na maior calamidade

E dentro de pouco tempo
O sedutor atrevido
Entrou também pelo "cano"
Sem ter rogo nem pedido
Foi pagar o seu pecado
Com a mulher falsa ao marido

Novamente em Itabuna
Despertou a multidão
A mulher falsa ao marido
Começou sua explosão
Por fim ela e o marido
De costa entraram no chão

Na cidade Coaraci
Teve outro grande alarido
Um foi para o cemitério
Vive o outro foragido
Por causa da condenada
Da mulher falsa ao marido

Faz um homem de critério
Se virar em um bandido
Faz um coração de luz
Se tornar enegrecido
Faz a mais pior desordem
A mulher falsa ao marido

Vou contar uma historinha
Porque acho ser preciso
Para dar o bom exemplo
Ou evitar prejuízo
E a mulher falsa ao marido
Pra ver se cria juízo

Lá no estado de Minas
Numa cidade bem fora
Da velha Belo Horizonte
Uma dessas sem demora
Gostou lá de um fulano
E o chamou pra irem embora

Pra ir se embora com o outro
Ela pôde imaginar
Que se o marido soubesse
Não ia se conformar
Tinha de fazer um jeito
Para o marido matar

E falou com o amante
Que jeito devia ter
Pois com seu marido vivo
Isto não podia ser
Tinha que dar um jeitinho
Pra seu esposo morrer

O fulano disse a ela:
Fique já de prontidão
Que à noite eu vou no poleiro
Já com o revólver na mão
E bulo com as galinhas
Fingindo ser um ladrão

Você aí chame ele
Ele sai de porta afora
Eu já estou preparado
Derrubo ele na hora
Você sai com sua mala
E vamos caindo fora

A mulher falsa ao marido
Toda tragédia aceitou
De noite o homem cansado
Logo cedo se deitou
E ali pegou no sono
Ela atenta ali ficou

Quando foi a meia-noite
Começou a confusão
As galinhas no poleiro
Gritavam num barulhão
A mulher gritou o marido
Que ali tinha um ladrão

As galinhas no poleiro
Gritava e asa batia
A mulher ao seu marido
O chamava e sacudia
Quanto mais ela chamava
Mais o marido dormia

Ela viu que era duro
O sono do seu marido
Resolveu ir ao amante
Contar todo acontecido
Que seu esposo dormia
Do mundo estava esquecido

Foi pegando um candieiro
E a porta destrancou
Que era o marido dela
O seu amante pensou
Disparou o seu revólver
Que ela morta tombou

Assim que ela saiu
O sangue ficou jorrando
O marido ouviu o tiro
Do sono foi despertando
Não encontrou a mulher
Foi seu revólver apanhando

Quando ele chegou na porta
O bandido ia saindo
Ele foi mandando brasa
Só viu faísca cobrindo
O cabra rolou no chão
Apenas só se bolindo

No outro dia a polícia
Descobriu não ser engano
Como foi feita a tragédia
Daquele homem tirano
E a mulher falsa ao marido
Dessa vez entrou no "cano"

Portanto meus amiguinhos
Quem desejar se casar
Em antes tem muito tempo
Pra ambos imaginar
Para não se arrepender
Nem também se condenar

Quem casa faz juramento
Com aquela criatura
De ser fiel neste mundo
Mesmo enfrentando amargura
Só termina o compromisso
Quando um vai pra sepultura

Quem faz este juramento
De gosto e satisfação
Perante a Deus e aos homens
Depois usar de traição
É um pecado tão grande
Que não merece perdão

Mulher que é falsa ao marido
Faz a infelicidade
Sua e de toda família
Incentiva a iniqüidade
Levando para o abismo
Vive só no ateísmo
Assim toda Eternidade

Autor: Minelvino Francisco Silva
o trovador apóstolo

HISTÓRIA DE ANTONIO CONSELHEIRO E A GUERRA DE CANUDOS

História de Antônio Conselheiro e a Guerra de Canudos

O homem religioso
Que quer seguir para a luz
Não deve entrar na política
Pois dobra o peso da cruz
Por fim vai sair da ética
Da santa lei de Jesus

Foi assim que aconteceu
Com Antônio Conselheiro
Que desejava seguir
Pra nosso Deus verdadeiro
Por se meter na política
Se virou num carniceiro

No ano 96 (1896)
Seu Conselheiro vivia
Nas zonas do Bom Conselho
No estado da Bahia
Pregando e curando gente
Cada vez se prosseguia

O dr. Artur Leone
Juiz daquela cidade
Achou que seu Conselheiro
Não estava com a verdade
Apenas levava o povo
Pra uma infelicidade

Deu ordem pra o Conselheiro
Do município ir embora
E deixasse o povo em paz
Sozinho caísse fora
Com 48 horas
Era somente a demora

O Conselheiro que viu
Que a coisa estava feia
Pois se não fosse se embora
Ia parar na cadeia
E além de ir pra chave
Entrava também na peia

Abandonou Bom Conselho
E dali se retirou
Seguiu direto a Canudos
Chegando lá começou
Sua mesma penitência
Que o povo admirou

Falava do fim mundo
Que Jesus vinha buscar
A todos os penitentes
Quem quisesse se salvar
Seguisse junto com ele
Pra poder no céu entrar

E pregava profecias
Da sua imaginação
Que o sertão virava mar
E o mar virava sertão
Com isso ele iludia
Toda aquela multidão

O povo foi se juntando
Ao lado do Conselheiro
Achava que ele fosse
De Jesus um mensageiro
Que veio salvar o povo
Por um poder verdadeiro

Pra conhecer Conselheiro
Abalou todo sertão
Cada vez mais aderindo
À sua religião
E fazendo penitência
Pra ganhar a salvação

Dizia ele pra o povo:
O que Jesus mais deseja
É que nós construiremos
Uma tão bonita igreja
Porque com ela podemos
Enfrentar toda peleja

A multidão bateu palmas
Todos ali aceitaram
Pra construir a igreja
Ali então começaram
Carregar pedra no ombro
E assim continuaram

Com as pedras na cabeça
Era grande a procissão
Cantando lindos benditos
De chamar mesmo atenção
Pra construir a igreja
E ganhar a salvação

Pois aquela procissão
Ninguém mesmo achava feia
Cantando aquele bendito:
Que o Sol na Terra clareia
Valei-me meu Bom Jesus
E Mãe de Deus das Candeias

Quem xingasse uma pedra
Sem ninguém mesmo escutar
Trouxesse pro meio das outras
Podia a mesma marcar
Que o Conselheiro vinha
E mandava retirar

Um velho então me contou
Que nessa localidade
Ele foi xingar uma pedra
Pra ver se era verdade
Para ver se o Conselheiro
Tinha esta habilidade

Saiu do meio do povo
Para uma pedra apanhar
Pois aquela dita pedra
Ele queria xingar
Para ver se o Conselheiro
Ia isso adivinhar

Botou uma pedra no ombro
E disse nessa razão:
Este diabo é pesado
Não vou levar isto não
Já vi que este diabo
Pesa mais do que o cão

Jogou a pedra no chão
E depois tornou pegar
Em todo caso, diabo
Agora vou te levar
Te mando para o Inferno
Se tu danar-se a pesar

Aquela pedra xingada
Ele direito marcou
No meio das outras pedras
Aquela pedra jogou
Com seu cajado na mão
O Conselheiro chegou

Bateu em todas as pedras
Chegou na pedra xingada
Disse a um moço que estava
Fazendo a mesma empreitada:
Tire esta pedra daqui
Que ela não vale nada

Pois a nossa obra é santa
Não quero que ela esteja
Atrapalhando a marcha
Desta obra benfazeja
Pois eu não quero o Diabo
Nas paredes da Igreja

Com isso os pobres pensavam
Que o Conselheiro era a Luz
Cumpriam as suas ordens
Levando a pesada cruz
Muitos ainda chamavam
Ele até de Bom Jesus

Naquela bonita obra
Lutavam a semana inteira
Só descansavam domingo
Pegavam segunda-feira
Até que botaram a igreja
Para ponto de madeira

O Conselheiro mandou
Em Juazeiro comprar
As madeiras necessárias
Para a igreja terminar
A precisão era urgente
Por isso mandou pagar

Foi comprada essa madeira
Também pago adiantado
Pra despachar pra Canudos
Ninguém mais tomou cuidado
E o trabalho da igreja
Já quase todo parado

O Conselheiro esperou
Até faltou a paciência
E disse aos seus seguidores:
Só tomando providência
Pra ver se a madeira vem
Sem precisar violência

Reuniu uns vinte homens
Cada um de mais coragem
Para ir ao Juazeiro
Aquela longa viagem
Para mandar a madeira
Levassem aquela mensagem

E dali seguiram eles
Naquele alto sertão
Cada qual no seu cavalo
Rompendo todo areião
Nenhum pensava em desordem
Dentro do seu coração

Mas antes deles chegarem
O povo de Juazeiro
Que vendeu toda madeira
Para o velho Conselheiro
Soube que iam os jagunços
Cada qual mais desordeiro

Correram foram ao juiz
Chegando lá, de joelho
Pedindo a ele socorro
O juiz ficou vermelho
Era ele Artur Leone
Que teve no Bom Conselho

Depois que soube de tudo
Chamou os praças ligeiro
Os que guarneciam o povo
Da cidade de Juazeiro
Para esperar os jagunços
De Antônio Conselheiro

Com pouco eles chegaram
Os animais na carreira
Todos pretos de suor
E coberto de poeira
Deram depressa a mensagem
Pra mandar toda a madeira

Respondeu lá o chefão
Mostrando que era forte:
Daqui para o fim do ano
Se ele tiver a sorte
Mandaremos a madeira
Quando tiver um transporte

Os mensageiros ali
Com isso não protestaram
Mas da resposta grosseira
Eles ali não gostaram
Direto para Canudos
Naquele instante voltaram

Chegando lá em Canudos
Falaram pra o Conselheiro
A resposta que trouxeram
Dos homens de Juazeiro
E o que mandaram dizer
Daquele modo grosseiro

Juntou mais de mil pessoas
Todas dando sugestão
Pra seguir pra Juazeiro
Todos com armas na mão
E trazer toda madeira
Ou eles quisessem ou não

Respondeu o Conselheiro
Eu não quero assim fazer
O homem religioso
Não pode assim se meter
Porque se matar alguém
Também terá que morrer

Vamos ter mais paciência
E mais um pouco esperar
Talvez que eles resolvam
Toda madeira mandar
Pois eu não quero ver sangue
Humano se derramar

O dr. Artur Leone
O juiz de Juazeiro
Que já era inimigo
De Antônio Conselheiro
Pensou em cobrar vingança
Sem temer Deus verdadeiro

Passou logo um telegrama
Ao governo da Bahia
Que era Luiz Viana
Homem de muita energia,
Contando muitas desordens
Que o Conselheiro fazia

E que mandasse reforço
Para seguir bem ligeiro
Pois estava ameaçada
A cidade de Juazeiro
Por um grupo de fanáticos
Cada qual mais desordeiro

O governo imediato
Depressa telefonou
Para o general Solon
Que cem praças despachou
Com uma noite e dois dias
Em Juazeiro chegou

O dr. Artur Leone
Quando viu o batalhão
Disse: só estes pracinhas?
Estamos na contra-mão
O povo de Conselheiro
Os bate de cinturão

Vamos fazer o seguinte:
Antes deles nos cercar
Vocês seguem a toda pressa
Pra cidade de Uauá
E mandem brasa no grupo
Que estão sem esperar

O comandante da força
Aceitou a sugestão
Seguiram para Uauá
Naquele alto sertão
Para atacar Conselheiro
E não deixar nem pagão

O povo de Conselheiro
Sem nada disso saber
Seguia com a procissão
Sem meio de se defender
Mas mesmo assim atacaram
Só ouviram o pau comer

Tiros de todos os lados
Naquela hora saía
E gente morta no chão
Pra todo canto se via
O sangue como enxurrada
Por todo canto corria

Ali em poucos minutos
Foi enorme a mortandade
Da parte do Conselheiro
Foi uma barbaridade
Só dez soldados morreram
Naquela localidade

Voltando toda a polícia
Contaram todo o ocorrido
Que eles foram agredidos
Por esse povo bandido
De Antônio Conselheiro
Cada qual mais atrevido

O governo novamente
Formou outro batalhão
Com mil soldados armados
Os mandou para o sertão
Pra matar o Conselheiro
Ou o levar para a prisão

O Conselheiro e seu povo
Que escapou dos soldados
Fizeram reunião
Já todos bem preparados
Para enfrentar a polícia
Se caso fossem atacados

Esta República maldita
O Conselheiro dizia
Nós temos que pôr abaixo
Para gritar Monarquia
Pois essa tal de República
A nossa terra atrofia

O imposto é um absurdo
Ou mesmo demasiado
Deseja ver todo povo
Do país escravizado
Se pensar que estou mentindo
Já viu o mau resultado

Mandou matar nossa gente
Sem a menor compaixão
Mataram e na praça pública
Fizeram um grande montão
E depois tocaram fogo
Que gente sem coração

Agora vem mil soldados
Pra tornar nos atacar
Vocês peguem as espingardas
Assim que eles chegar
Matem todos que vier
Não deixem um escapar

Quando vier mais soldados
Mataremos novamente
Vamos provar ao governo
E também ao presidente
Que os que mandar contra nós
Não volta um pra semente

Depois que matarmos todos
Sigamos pra Salvador
Vamos pegar e prender
Esse tal governador
Ele tem que conhecer
O nosso grande valor

Aí sigamos direto
Para o Rio de Janeiro
Até mesmo o presidente
Será nosso prisioneiro
Para ele conhecer
A força do Conselheiro

Depois que trancarmos ele
Em uma escura prisão
Será ligeiro empossado
Nosso rei Sebastião
Pra governar com justiça
Nossa querida Nação

Quando ele terminou
O discurso no momento
Todo povo bateu palmas
Com todo contentamento
Em sinal que apoiavam
Aquele drama sangrento

Os mil soldados que foram
Saltaram no Juazeiro
Tenente Manoel da Silva
Comandante verdadeiro
Seguiram para Canudos
Pra dar fim ao Conselheiro

Quando chegaram em Canudos
Caíram numa emboscada
O povo do Conselheiro
Armado de espingarda
Uns atiravam na frente
E outros na retaguarda

O comandante que viu
Que ia se acabar
Já estando baleado
Não podendo mais lutar
Deu ordem pra seus soldados
Que pudessem retirar

Daquela luta os soldados
Foram logo recuando
E os jagunços atrás
Cada vez mais disparando
Espingardas e garruchas
De um a um derrubando

Na beira duma lagoa
Todos jagunços cercaram
O resto da soldadesca
E quase todos mataram
Só para contar o caso
Pouquinhos mesmo escaparam

Foi tantos soldados mortos
Naquela luta pesada
De tanto sangue a lagoa
Fez a água avermelhada
Por nome lagoa Vermelha
Ainda hoje é chamada

Os soldados que correram
Daquele grande terror
Sem farda e sem armamento
Chegaram em Salvador
Todos lascados de espinhos
Falaram ao governador

Contaram todo o ocorrido
E tudo bem explicaram
Que os fanáticos na luta
Muitos soldados mataram
Por muita felicidade
Eles correndo escaparam

O senhor Luiz Viana
Ficou muito descontente
Telegrafou para o Rio
Explicando ao presidente
Sobre a polícia em Canudos
O temeroso acidente

Que os fanáticos em Canudos
Acabaram o povo seu
De mil soldados que foram
Escapou o que correu
O resto nas armas deles
De uma só vez morreu

O presidente zangou-se
Mandou que se preparasse
Dois mil soldados armados
De tudo que precisasse
Canhões e metralhadoras
E ao Conselheiro atacasse

Reuniu dois mil soldados
Nessa mesma ocasião
Major Febrônio de Brito
Chefe da expedição
Para acabar com Canudos
Sem a menor compaixão

Os jagunços em Canudos
Já estavam bem armados
Com as armas que tomaram
Quando mataram os soldados
Para o que desse e viesse
Estavam bem preparados

Aprenderam ligeirinho
Como era que manobrava
O fuzil ligeiramente
Também como disparava
Com a maior rapidez
Cada um já carregava

Disseram eles: agora
Já estamos com fuzil
Cem homens de nossa raça
Pode vencer mais de mil
Vamos libertar agora
Nosso querido Brasil

O exército reuniu
Na cidade do Salvador
Gente de todos Estados
Mesmo até do interior
Pra defender a República
Mostrando assim seu valor

Por todo canto corria
A fama do Conselheiro
Que era ele o terror
Do Exército brasileiro
Devorando mais soldado
Do que leão carniceiro

Os populares cantavam
Naquela data sombria...
Esta música de Canudos
E do que lá existia
De acordo a mortandade
A própria música dizia:

O urubu escreveu
Uma carta ao delegado
Que está com o bico bambo
De comer tanto soldado

O urubu escreveu
Uma carta ao presidente
Que está com o bico bambo
De comer carne de gente

Bênça papai, bênça mamãe
Eu vou para os Canudos
Não sei se voltarei mais

A República chora
Pelo mundo inteiro
Coberto de luto
O Exército brasileiro

Afinal chegou a hora
Daquela triste partida
O trem soltou um apito
Fazendo sua despedida
Pois levava os soldadinhos
Pra cada arriscar a vida

Partiu o trem apitando
De doer no coração
Os soldados para o povo
Balançava com a mão
Porque eles não sabiam
Se ainda voltava ou não

Foram saltar em queimadas
Onde arranjaram animal
Com gado pra mantimento
Levaram tudo afinal
E seguiu para Canudos
Todo esse pessoal

Levaram cada canhão
De fazer admirar
Era uma junta de bois
Pra cada um arrastar
Diretamente a Canudos
Se puseram a viajar

Para encurtar a história
Lá em Canudos chegaram
Cercaram por todo canto
E as armas dispararam
O povo do Conselheiro
No mesmo instante enfrentaram

Gritavam assim os soldados:
Conosco ninguém graceja
Mas disparava o canhão
Pra derrubar a igreja
Ele se desmantelava
Saía dessa peleja

Depois de muita batalha
Um fanático o agarraram
De que você quer morrer
Logo a ele perguntaram
Eu quero morrer de tiro
Mas ele lhes replicaram

Você vai morrer de faca
Ali falou um soldado
Diga sua última palavra
Pra poder morrer sangrado
Viva Nosso Bom Jesus
Disse o pobre agoniado

Meteram a faca na goela
Que duma só vez sangraram
Com mais diversas furadas
Aquele pobre mataram
E o tremendo combate
Cada vez continuaram

O povo do Conselheiro
Cada mais encorajado
Cada disparo que dava
Ia matando um soldado
Só via tiro sair
Defunto pra todo lado

Major Febrônio de Brito
Vendo que o caso era sério
Pois lutar com esse povo
Era um serviço funério
Se eles não recuassem
Iam morar no cemitério

O gado tinha acabado
E tudo mais que eles tinha
Já lhes faltava o feijão
O arroz e a farinha
E todos os alimentos
Naquela hora mesquinha

Major Febrônio de Brito
Deu ordem pra desarmar
Todo seu acampamento
Pra dali se retirar
Porque de outra maneira
Nenhum podia escapar

E assim deram começo
Todas lonas desarmando
Com a turma dos fanáticos
Cada vez mais atacando
De vez em quando por terra
Ia um soldado tombando

Afinal major Febrônio
Com o resto dos soldados
Foram obrigados sair
Porque foram derrotados
Abandonaram Canudos
Pra não tornar-se finados

Chegaram em Salvador
Sem farda sem armamento
Contaram ao governador
Aquele drama sangrento
Que passaram em Canudos
O maior padecimento

Governo Luiz Viana
Por ter um bom ideal
Telegrafou ligeirinho
Pra o Governo Federal
Contando toda derrota
Naquela luta fatal

O presidente na hora
Quase pára o coração
Porque assim a República
Tinha que rolar no chão
Revivendo a Monarquia
Em toda nossa Nação

Comunicou num instante
A todos os generais
Para uma expedição
De muitos policiais
Para atacar em Canudos
Aquela fera voraz

Coronel Moreira César
Homem de muita energia
Capaz para vencer guerra
Quer de noite ou quer de dia
Esse foi o premiado
Pra seguir para a Bahia

Três mil e tantos soldados
Formou essa expedição
Com todos os armamentos
Que precisa um batalhão
Fuzil e metralhadora
E uma frota de canhão

Chegaram no Salvador
O trem de ferro pegaram
Com todo esse armamento
Lá na Queimadas saltaram
Preparados para a guerra
Para Canudos marcharam

Chegou perto de Canudos
Acharam uma espingarda
O coronel disse à tropa
Que vinha na retaguarda
Vou dar uma prova ao governo
Que garanto minha farda

Eles estão desarmados
Na hora deu um suspiro
A coragem dessa gente
Eu por exemplo admiro
Vamos entrar em Canudos
Sem precisar dar um tiro

Muito adiante encontraram
Uma cruz naquela estrada
Pararam pra almoçar
E seguir nova jornada
O coronel com a cruz
Fez uma promessa errada

Disse ele para a cruz:
Se tu a nós ajudar
Que vencermos esta guerra
No dia que nós voltar
Vamos fazer uma festa
Bonita nesse lugar

Mas por infelicidade
Se nós não poder vencer
Quando passarmos aqui
Não temos tempo a perder
Vamos lascar você toda
Para assar carne e comer

Quando chegaram em Canudos
Moreira César olhou
Lá de cima da ladeira
O arraial avistou
Porém nenhum pé de gente
Pra sua tropa falou:

Vamos entrar duma vez
Todo nosso batalhão
Vamos pegar os fanáticos
Sem guerra e sem discussão
E amarrar o Conselheiro
Como se amarra um cão

E assim mesmo fizeram
A cavalaria entrou
No arraial de Canudos
Mas dessa vez se enganou
Que tiro de todo lado
Naquele instante estourou

Fizeram fogo também
Os soldados bem armados
Porém não viam os fanáticos
Que estavam entrincheirados
Só via tiros sair
E mortos por todos lados

Coronel Moreira César
Que estava comandando
Recebeu logo um balaço
Foi do cavalo rolando
Caindo morto por terra
Foi sua vida acabando

Os soldados quando viu
Naquela luta fatal
Que morreu o coronel
Homem dum forte ideal
Para não morrer também
Caíram no florestal

Os fanáticos atrás deles
Mata aqui e mata ali
Pega aqui, pega acolá
Cada vez os perseguir
Afinal poucos soldados
Que puderam escapulir

Depois de tudo os fanáticos
Para Canudos voltaram
Do Coronel o cadáver
Eles na hora o pegaram
E na ponta duma estaca
O pobre homem estreparam

Aí correu a notícia
Do grande acontecimento
Para o povo brasileiro
Foi o maior sentimento
Somente para os fanáticos
Foi grande o contentamento

A negra notícia foi
Para o senhor presidente
Que resolveu no momento
Mandar outro contingente
Pra acabar com o Conselheiro
Aquela bruta serpente

Ali cinco mil soldados
Foram logo reunidos
Cabo, sargento e tenente
Os homens mais destemidos
Para atacar o Conselheiro
Com todos os seus bandidos

Coronel Oscar Andrade
De grande disposição
Na coragem era um Davi
Na força era um Sansão
O elegeram pra ser
Chefe da expedição

Tinha soldados ali
De nosso Brasil inteiro
Do Amazonas, Goiás
São Paulo, Rio de Janeiro
Minas, Rio Grande do Sul
Pra atacar o Conselheiro

Tinha soldados baianos
Soldados piauienses
Soldados paraibanos
E soldado maranhense
Soldados alagoanos
E soldado cearense

Juntou esse batalhão
Dos soldados cabeçudos
O general não queria
Ver soldados cabeludos
Todos eles preparados
Seguiram para Canudos

Dias depois em Canudos
Essa expedição chegou
E o pequeno arraial
Por todo canto cercou
Armaram todos canhões
E ali o pau quebrou

Disparos e mais disparos
Era só o que se ouvia
Os canhões falavam forte
Que a terra estremecia
E o povo de Conselheiro
Com isso não se rendia

Mandaram brasa também
Mesmo a torto e a direito
Mas contra a força maior
Já não tiravam proveito
Que os disparos dos canhões
Matavam de eito a eito

Afirma o livro *Os sertões*
Que o canhão que disparava
Pra derrubar a igreja
Esse se desmantelava
E aquele operador
Morto por terra tombava

Começavam o tiroteio
Quando o dia amanhecia
O Exército disparava
Conselheiro respondia
E assim o dia todo
Até a tarde caía

À tarde pelas seis horas
Aquele fogo cessava
O povo do Conselheiro
Na igreja se juntava
O Terço da Virgem Pura
Cantando alto rezava

No outro dia cedinho
A luta recomeçava
Bala e chumbo no espaço
Por todo canto zoava
De volta e meia um soldado
Sem vida no chão tombava

Da parte do Conselheiro
Era grande a mortandade
Pois morria tanta gente
Que fazia piedade
Só se via gente morta
Naquela localidade

Pra aquele povo fanático
Já faltava o alimento
Começaram fracassar
Naquele triste momento
A fome cada vez mais
Aumentava o sofrimento

E por infelicidade
O Conselheiro morreu
Porém o povo fanático
Inda não se esmoreceu
Enfrentava fogo a fogo
E assim o pau comeu

Elegeram novos chefes
Naquele mesmo momento
Parecendo com uns loucos
Assaltaram o acampamento
O Exército resistiu
Ao ataque violento

As bombas de dinamite
Contra os fanáticos jogavam
Era grande a mortandade
Das turmas que avançavam
Era um estandarte feio
Quando as bombas disparavam

Afinal noventa bombas
Pelo Exército jogadas
Os fanáticos só perdendo
Em todas as emboscadas
Foram obrigados na hora
Dar tiros de retiradas

General Oscar Andrade
Deu ordem para gritar
Quem não quisesse morrer
Viesse se entregar
Que ele poupava a vida
Sabia bem perdoar

E assim continuou
Só as armas disparando
E o grito de "Se rendam"
Todos soldados gritando
O povo do Conselheiro
Cada vez mais fracassando

Aquele povo fanático
Já estava em desatino
Quando um canhão na igreja
Deu um disparo ferino
Que derrubou as paredes
E jogou distante o sino

Também aquele canhão
Que deu aquela rajada
E derrubou a igreja
Nessa hora amargurada
Enguiçou duma só vez
Não serviu mais para nada

Diz o povo popular
Mas eu não posso dar prova
Que apareceu nessa hora
Tanta acauã velha e nova
Todas cantando diziam:
Vai a cova, vai a cova

Assim que a igreja caiu
Todos se esmoreceram
Que estavam todos vencidos
Os soldados compreenderam
Avançaram para cima
Pegaram o resto e prenderam

Onde está o Conselheiro?
O general perguntou
Eu não sei, outro, eu não sei
Cada um assim falou
Como se procura agulha
O general procurou

A mortandade era horrível
De comover coração
Um sem perna, outro sem braço
Rolando vivos no chão
Instalaram um hospital
Nessa mesma ocasião

Medicaram os doentes
Fanáticos do Conselheiro
Depois que juntaram toda
A turma de prisioneiro
Levaram pra Salvador
De lá pra o Rio de Janeiro

É uma tolice do homem
De querer se revoltar
Contra uma lei do país
Pois não pode triunfar
Como Antônio Conselheiro
Terá que se acabar

Pois não podemos viver
Sem pagar mesmo o imposto
De nossa renda anual
De agosto para agosto
Temos que cumprir a lei
Ou por gosto os contragosto

Até mesmo Jesus Cristo
Quando na terra chegou
Sem negociar, sem nada
Mas o imposto pagou
Para pagarmos também
Este exemplo nos deixou

Quem quiser salvar sua vida
Esse a vida perderá
E quem por mim der a vida
Esse a vida salvará
Jesus assim ensinou
Dizendo: não matará

O homem religioso
Que quer seguir a Jesus
Deve viver preparado
Para levar sua cruz
Pois se matar um irmão
Apaga sua própria luz

Por isso seu Conselheiro
Caiu em contradição
Por misturar a política
Com sua religião
Querendo botar abaixo
A lei de nossa Nação

Para escrever este livro
Primeiro fui baseado
Nos contos e nos escritos
Não sei se é certo ou errado
E ainda no trabalho
O que foi televisado

Uns dizem que o Conselheiro
Na última luta morreu,
Que fizeram exumação
Arrancando o corpo seu,
Já outros dizem que não
Ele desapareceu

Quero dizer aos leitores
Que tudo que escrevi
Não afirmo ser verdade
Porque nada disso eu vi
Contei pra todos vocês
Como eu compreendi

Agora caros amigos
Meu livro vou terminar
Quem achar que está faltoso
A mim queira desculpa
Porque só Deus faz as coisas
Sem nada mesmo faltar.

Volumes já lançados da Biblioteca de cordel

Patativa do Assaré *por* Sylvie Debs
Cuíca de Santo Amaro *por* Mark Curran
Manoel Caboclo *por* Gilmar de Carvalho
Rodolfo Coelho Cavalcante *por* Eno Theodoro Wanke
Zé Vicente *por* Vicente Salles
João Martins de Athayde *por* Mário Souto Maior
Minelvino Francisco Silva *por* Edilene Matos
Expedito Sebastião da Silva *por* Martine Kunz

Próximos lançamentos

Leandro Gomes de Barros *por* Joseph Luyten
Raimundo Santa Helena *por* Braulio Tavares
Chico Traíra *por* Gutemberg Costa
Ignácio da Catingueira *por* Luis Nunes
José Gonçalves *por* Magna Celi de Sousa
José Honório *por* Maria Alice Amorim
João de Cristo Rei *por* Eduardo Diathay de Menezes

Adverte-se aos curiosos que se imprimiu esta obra nas oficinas da Gráfica Prol Limitada em 30 de julho do ano dois mil, composta em Walbaum MT de corpo dez ou onze, em papel offset noventa gramas, com tiragem de dois mil exemplares.